프랑스 문학산책

문미영 지음

글누리
HNU

머 / 리 / 말

주마간산(走馬看山)이라는 사자성어가 있다. 말을 타고 달리면서 산천을 구경한다는 뜻으로, 자세히 살피지 않고 대충 보고 지나간다는 뜻을 가진다. 『프랑스문학산책』은 프랑스 문학사에 대한 일반적인 지침서가 아닌 프랑스 문학 수업을 듣는 학생들이 말을 타고 산책하는 가벼운 마음으로 프랑스 문학사를 훑어보기를 바라는 심정에서 집필하게 된 입문서이다.

필자가 예전 학부 과정에서 공부할 때 사용했던 『랑송불문학사』나 『새로운 불문학사』와 같은 서적들이 이제는 절판되거나 작금의 학생들에게는 너무 장(長)서가 되어 접근성이 현저히 떨어지게 됐다. 이런 상황에서 프랑스 문학사 이해를 위한 짧고 간결한 입문서가 필요하다고 판단됐다.

우리가 프랑스 문학 작품을 읽고 공부하는 이유는 무엇일까? 프랑스는 고전주의, 낭만주의, 상징주의, 실존주의 등 다양한 문학적 흐름을 창출하며, 이를 통해 인간의 존재, 사회, 문화에 대한 깊은 통찰을 제시한다. 프랑스 문학은 단순히 이야기의 즐거움을 넘어, 인간의 본성, 도덕, 정치, 사회적 상황 등을 깊이 파고드는 작품들이 많아서, 비판적 사고를 기르는 데 도움이 된다. 또한 인간의 내면, 감정, 욕망, 갈등을 분석하는 심리주의 소설 전통은 자기 자신에 대한 성찰과 더불어 타자에 대한 공감을 키울 수 있는 중요한 문학적 경험을 제공한다.

문학은 영상미디어를 포함한 다양한 문화콘텐츠의 홍수 속에서도 원소스멀티유즈(OSMU)로써 근본 이야기의 힘을 보여주며 문화콘텐츠의 핵심 역할을 담당한다. 프랑스 문학은 최다 노벨문학상 수상자 보유국답게 문학사적으로 전 세계 문학의 흐름을 주도하는 문화의 보고와 같은 임무를 수행해 왔다. 프랑스 문학의 흐름을 파악한다는 것은 프랑스 문학사를 넘어 프랑스의 역사와 예술사, 나아가 서양의 지성사까지 살펴보며 지적 호기심을 확대할 수 있는 기회를 제공할 것이다.

본서는 프랑스 문학의 전반적인 이해를 위해 중세부터 20세까지 세기별 중요한 사회적, 역사적 상황을 언급하고 주요 작가들과 작품을 소개하는 것을 목적으로 한다. 작가와 작품의 선택에 있어서는 상기된 서적들 외에, 특히 *Panorama de la littérature française, les courants, les auteurs, les œuvres, du Moyen Age au XXe sièclel* (Nicole Masson, 1991)과 *La littérature française* (Cécile de Ligny, Manuela Rousselot, 2009)을 참고했다.

본문에서는 프랑스 문학사의 중요한 획을 그은 작가와 작품을 소개하면서 짧게라도 프랑스어 원문 텍스트를 실어 전공 학생들이 프랑스어 원어의 즐거움을 익히고, 비전공자도 부담 없이 프랑스어 텍스트를 접했으면 하는 바람으로 우리말 번역도 같이 준비했다. 또한 주요 작가나 작품 소개 다음에는 'À savoir plus(더 알아보기)'를 통해 작품에 관한 심층적인 탐구나 영화, 샹송 등 다양한 문화콘텐츠로 확장된 작품을 찾아서 비교 분석하고 토의할 수 있게 했다.

정해진 일정에 맞춰 출판을 준비하다 보니 여러 부분에서 부족한 점이 드러난 것 같아 아쉽다. 그럼에도 불구하고 본서가 프랑스 문학을 처음 접하는 독자들의 기본적인 이해를 돕고 학문적 탐구의 첫걸음을 내디딜 수 있는 작은 안내서가 되기를 바란다.

오정골에서 문 미 영

차 례

머리말 02

프랑스 문학의 기원 (LA LITTÉRATURE FRANÇAISE) 10

중세

MOYEN ÂGE

(1) 중세 문학 14

1) 롤랑의 노래 (La chanson de Roland) 15

2) 기사도 로망 (Le roman courtois) 17

3) 여우 이야기 (Le roman de Renart) 18

4) 파블리오 (Les fabliaux) 18

5) 장미 이야기 (Le roman de la Rose) 19

6) 프랑수아 비용 (François Villon) 21

16세기 프랑스 문학

La Littérature française –XVIe siècle

(1) 르네상스 (Renaissance) 24

1) 프랑수아 라블레 (François Rabelais) 27

2) 플레이아드 (La Pléiade) 29

3) 몽테뉴 (Montaigne) 31

(2) 종교 전쟁 시대의 문학
(La littérature des guerres de Religion) 34

17세기 프랑스 문학

La Littérature française-XVIIe siècle

(1) 고전주의 (Classicisme) 38

1) 아카데미 프랑세즈 (Académie française, 프랑스 한림원) 40

2) 살롱 (Salon) 40

3) 데카르트 (Descartes) 42

(2) 고전주의 문학 44

1) 파스칼 (Pascal) 44

2) 코르네이유 (Corneille) 47

3) 라신느 (Jean Racine) 49

4) 몰리에르 (Molière) 53

5) 보왈로 (Boileau) 56

6) 라퐁텐느 (La Fontaine) 58

7) 마담 드 라파예트 (Madame de la Fayette) 61

18세기 프랑스 문학

La Littérature française-XVIIIe siècle

(1) 계몽주의 시대 (Siècle des Lumières) 64

1) 몽테스키외 (Montesquieu) 67

2) 볼테르 (Voltaire) 69

3) 드니 디드로 (Denis Diderot)와 백과사전 73

4) 장-자크 루소 (Jean-Jacques Rousseau) 75

5) 마리보 (Marivaux) 78

6) 드 라클로 (Pierre-Chodelos de Laclos) 80

7) 보마르세 (Beaumarchais) 83

19세기-1 프랑스 문학

La Littérature française–XIXe siècle-1

(1) 19세기 개관 86

1) 전기 낭만주의 시대 (Préromantisme) 88

2) 마담 드 스탈 (Mme de Staël) 89

3) 샤토브리앙 (Chateaubriand) 90

(2) 낭만주의 (Romantisme) 93

1) 라마르틴 (Lamartine) 95

2) 빅토르 위고 (Victor Hugo) 99

(3) 낭만주의와 소설 (Le romantisme et le roman) 103

1) 스탕달 (Stendhal) 105

(4) 사회소설 (Le roman sur le peuple) 107

(5) 환상소설 (Les formes du fantastique) 107

(6) 사실주의 소설 (le roman réaliste) 108

1) 발작 (Honoré de Balzac) 110

(7) 전문적 비평가의 등장, 쌩트-뵈브 (Sainte-Beuve) 113

19세기-2 프랑스 문학

La Littérature française–XIXe siècle-2

(1) 사실주의와 자연주의 (Réalisme et Naturalisme) 116

1) 플로베르 (Gustave Flaubert) 118

2) 모파상 (Guy de Maupassant) 121

3) 에밀 졸라 (Emile Zola) 124

(2) 상징주의 (Symbolisme) 126

1) 보들레르 (Charles Baudelaire) 127

2) 말라르메 (Mallarmé) 133

3) 랭보 (Arthur Rimbaud) 136

4) 베를렌느 (Paul Verlaine) 139

20세기 프랑스 문학

La Littérature française–XXe siècle

(1) 20세기 개관 142

1) 에드몽 로스탕 (Edmond Rostand) 144
2) 아폴리네르 (Apollinaire) 149
3) 마르셀 프루스트 (Marcel Proust) 154
4) 앙드레 지드 (André Gide) 159
5) 앙드레 브르통 (André Breton) 162
6) 자크 프레베르 (Jacques Prévert) 165

(2) 양차대전사이 (Entre-deux-guerres) 170

1) 프랑수아 모리악 (François Mauriac) 171
2) 장 지로두 (Jean Giraudou) 173
3) 셀린 (Louis-Ferdinand Céline) 176
4) 앙드레 말로 (André Malraux) 178
5) 사르트르와 실존주의 (Sartre et Existentialisme) 180
6) 알베르 카뮈 (Albert Camus) 183
7) 생텍쥐페리 (Antoine de Saint-Exupéry) 186

(3) 1950년 이후 190

1) 누보로망 (Nouveau Roman) 190
2) 부조리극 (Théâtre de l'absurde) 192
3) 사무엘 베케트 (Samuel Beckett) 193
4) 마르셀 파뇰 (Marcel Pagnol) 196
5) 장 지오노 (Jean Giono) 199
6) 마르그리트 뒤라스 (Margritte Duras) 201
7) 미셸 투르니에 (Michel Tournier) 203

참고문헌 206

프랑스 문학

LA LITTÉRATURE FRANÇAISE

(1) 프랑스 문학의 기원

프랑스 문학
(LA LITTÉRATURE FRANÇAISE)

(1) 프랑스 문학의 기원

프랑스 민족을 이해하는 위해서는 프랑스 언어의 형성 과정을 이해할 필요가 있으며 이는 결국 프랑스 문학을 이해하는 데 도움이 된다. 9세기까지 프랑스에서는 라틴어가 사제와 같이 학식이 있는 사람들이 사용한 언어다. 백성들은 당시 'vulgaire'라고 불리는 다른 변형된 라틴어를 사용하고 있었다.('vulgaire'의 뜻은 백성을 뜻하는 라틴어 vulgus에서 유래한다.) 이 언어는 점점 문자를 가진 언어로 성장하고 점차 '로망어 roman'에서 '프랑스어 français'로 발전한다. 프랑스어의 등장과 함께 '프랑스 문학 littérature française'의 역사가 시작된다.

중세 프랑스 이전의 프랑스는 크게 다음과 같이 분류한다. 먼저 기원전 5, 6세기 이후 현재 프랑스 지역에 자리 잡은 골 족의 골르(Gaule) 독립 시대다. 시저의 『갈리아 정복기』에서도 알 수 있듯이 골 족이 사는 갈리아는 로마인들이 프랑스 땅을 지칭하는 용어였다.

1세기 이후 로마제국의 침략으로 갈로-로맹(Gallo-Romains) 시대가 열린다. 당시 라틴어는 경제활동의 매개체이며 신분 상승의 언어이자 군대의 언어로 사회적으로 확산한다.

5세기 이후에는 게르만족의 침략과 더불어 갈로-프랑(Gallo-francs) 시대가 펼쳐지며 처음으로 프랑크 왕국인 메로빙거 왕조와 이후 카롤링거 왕조가 들어선다. 메로빙거 왕조를 세우고 프랑크어(게르만어)를 사용한 클로비스(Clovis, 466~511) 왕은 최초의 프랑스 왕이며 기독교로 개종함으로써 민중의 지지를 얻는다. 궁정 귀족은 프랑크어를 사용하지만 갈로-로맹 백성과 비교하면 소수였기에 지배층의 언어가 오히려 피지배층의 언어에 동화되는 상황이 발생한다. 카롤링거 왕조의 샤를르마뉴(Charlemagne, 742~814)대제는 842년 스트라스부르그 서약을 통해 최초로 라틴어나 프랑크어 대신 고대 프랑스 속어(langue vulgaire)를 사용해 공식 문서를 작성한다. 이 시기에 프랑스인들은 크게 루아르강을 중심으로 북부와 남부로 구분된 랑그도일(langue d'oïl)과 랑그도크(langue d'oc)로 구분되는 로망어를 사용한다. 이후 파리를 중심으로 한 프랑시엔(francien) 방언이 세력을 확대하며 공통어로 자리 잡게 된다.

봉건제도가 성립된 시기인 9세기 이후에는 카페 왕조가 생긴다. 987년 카페 왕조를 세운 위그 카페(Hugh Capet, 938~996)는 프랑시엔을 모국어로 사용하는 최초의 왕이다. 프랑스어라는 용어가 12세기부터 사용되며 라틴어와 더불어 궁정과 의회의 공식 언어로 사용된다. 파리 대학의 탄생은 프랑스어가 다른 서유럽국가들의 귀족층에 전파되는 가교 역할을 하며, 프랑스어가 유럽 교양인의 언어로 자리매김하는 데 일조한다.

À savoir plus)

※ 영화 〈아스테릭스〉 (클라우드 지디 담독, 크리스티앙 클라비에, 제라르 드파르디외 주연, 1999)를 감상한 후 아스테릭스와 오벨릭스(Astérix et Obélix)의 우정과 용기에 대해서 토의하기.

※ 시저(César)의 갈리아 정복기와 베르생제토릭스(Vercin Gétorix)에 대해서 조사하고 생각 나누기.

중세

MOYEN ÂGE

(1) 중세 문학

1) 롤랑의 노래 (La chanson de Roland)

2) 기사도 로망 (Le roman courtois)

3) 여우 이야기 (Le roman de Renart)

4) 파블리오 (Les fabliaux)

5) 장미 이야기 (Le roman de la Rose)

6) 중세의 서정 시인, 비용

중세
(MOYEN ÂGE)

(1) 중세 문학

일반적으로 중세의 시작은 서로마제국이 멸망한 476년으로 보고 있다. 그러나 중세 문학의 기원은 더 늦게 나타난다.

중세 시대는 사회적으로는 봉건제도가 주축이지만 정신적으로는 기독교의 영향이 크다. 왕과 귀족, 서민으로 계급 지어진 중세 봉건사회에서는 신과 군주에 대한 충성심이 가장 핵심이다. 기독교와 기사도가 대표하는 신앙과 명예가 중세 문학의 주제라고 할 수 있다.

최초의 중세 문학은 교회에서 부르는 노래인 『성녀 외랄리 찬가 *Cantilène de Sainte Euralie*』(851)와 백성 교화를 목적으로 11세기경에 쓰인 『알렉시스 성자전 *Vie de Saint Alexis*』를 그 시작으로 들 수 있다. 신과 군주에 대한 충성이 중요한 시대에 신앙과 명예를 지키는 기사의 이야기를 다루는 영웅적 문학이 등장한다. 기사도 문학은 시대별로 무훈시(Les Chansons de Geste)와 기사도 로망(Le roman courtois), 장미 이야기(Le Roman de la Rose)로 대표된다.

기사도 문학이 봉건시대의 귀족 정신에 호응하는 문학이었다면 비속하고 난삽한 표현도 서슴지 않는 씩씩하고 유쾌한 서민 정신에 부합하는 서민문학도 12세기경에 등장한다. 서민문학은 파블리오(Fabliaux)와 여우 이야기(Roman de Renart)를 들 수 있다.

1) 롤랑의 노래 (La chanson de Roland)

이교도와의 싸움에 떠나고 있는 샤를마뉴대제. 샤르트르 대성당의 스테인드 글라스

『롤랑의 노래』는 12세기 초에 존재했을 거라고 생각되며 가장 오래된 무훈시로(역사적 사실을 바탕으로) 열렬한 신앙심과 봉건적 명예관에 의해 이상화된 기사의 전형을 보여준다. "Roland est preux, mais Olivier est sage"는 표현처럼 롤랑은 신실하고 올리비에는 현명한 기사로 묘사된다. 무훈시는 십자군 원정과 기사의 영웅담을 노래로 만들고 부르는 일을 직업으로 삼은 음유시인, 트르베르(trouvère)와 광대시인(jongleur)의 등장과 더불어 유행한다.

『롤랑의 노래』 줄거리: 젊은 샤를르 왕은(훗날 샤를르마뉴) 스페인에서 사라센들과 싸우던 중 적의 왕을 드디어 시라고스에 몰아넣었고 궁지에 몰린 적의 왕은 화해를 목적으로 한 회의를 청한다. 롤랑은 가늘롱을 사자로 보내지만, 가늘롱은 자신을 사지로 보냈다는 오해를 하고 적국의 왕과 롤랑을 죽일 밀약을 맺는다.

프랑스군은 귀국길에 오르고 샤를르 왕은 롤랑에게 후위 부대를 맡기며 위기 시에 사용하라며 뿔 나팔을 주고 떠난다. 적국의 왕이 후위 부대를 치자 현명한 친구인 올리비에가 뿔 나팔을 불라고 조언하지만, 용맹한 롤랑은 듣지 않고 싸우다가 중과부적으로 부하 60명이 남았을 때야 비로소 뿔피리를 불어 도움을 청하게 되며 전투 중에 장렬히 전투한다.

뒤늦게 도착한 샤를르 왕은 적을 전멸하고 롤랑의 죽음을 애도한다.

À savoir plus)

※ 서유럽의 오랜 분쟁의 역사인 기독교와 이슬람의 종교 전쟁을 배경으로 하는 『롤랑의 노래』에 대해 조사하고 그 연관성을 찾아 발표하기.

※ 중세 시대의 사회상과 분위기를 잘 설명해 주는 〈마틴 기어의 귀향 Le Retour de Martin Guerre〉(다니엘 비그네 감독, 제라르 드파르디외, 나탈리 베이 주연, 1992)을 감상하고 핵심 주제를 찾아 토의하기.

2) 기사도 로망 (Le roman courtois)

트리스탄과 이졸데, J.W.Waterhouse, 1916

12세기 중엽 이후 무훈시는 시대의 변화에 따른 변형과 타락을 겪으며 대중의 욕구를 충족시키기 위한 다양한 허구적 작품이 제작된다. 여전히 무훈을 추구하는 기사 귀족의 이상을 이념으로 삼고 있지만 신과 군주에 대한 충성, 즉 신앙과 명예라는 2대 원리 대신 그 지고의 자리에 사랑하는 여성이 군림하게 된다.

브르타뉴 계통의 로망 대표작으로는『아서왕과 원탁의 기사들』,『크레티엥 드 트로아』의 모험 시화가 있다.

À savoir plus)

※ 아서왕의 원탁의 기사 중 한 명인 페르시발과 성배 찾기『페르시발 Perceval ou le conte du Graal』모험에 대해 조사하고 토의하기.

※『트리스탄과 이죄 Tristan et Iseult』의 이야기에 나오는 사랑의 묘약에 대한 의견을 나누고『로미오와 줄리엣』과의 연관성에 대해 조사하고 생각 나누기.

3) 여우 이야기 (Le roman de Renart)

12세기 후반 비속하고 난잡한 것도 두려워하지 않는 솔직하고 씩씩한 서민 정신은 『여우 이야기』와 『파블리오』 같은 서민문학의 등장으로 이어진다. 서민문학은 허구 위에 지어진 우아한 궁정 귀족 문학의 아름다운 베일을 확 벗기고 인간의 잔꾀와 욕망을 적나라하게 드러내 비웃고 즐거워한다.

『여우 이야기』의 주인공은 르나르(Renart)란 이름의 여우이며 주로 이리인 이장 그렝과의 싸움을 다룬 무용담이다. 이 작품은 당대의 부도덕성을 비꼼과 익살로 풍자하며 모든 것이(귀족과 교회) 풍자 대상에 속한다.

특히 '여우 근성renardie'은 이미 확고한 지위를 얻고 있던 부르주아 계급이 귀족 사회에 대한 비판 정신을 표현한 것이다.

4) 파블리오 (Les fabliaux)

파블리오는 짧은 웃긴 이야기란 뜻으로 일상의 비근한 생활을 소재로 삼아 웃기기 위해 만들어진 운문 콩트를 지칭한다. 주로 놀림 받는 남편, 정숙하지 못한 아내, 욕심 많은 게으른 신부 같은 인물들이 단골 주인공이다. 여우 이야기와 마찬가지로 주제는 부도덕성이 특징이며 문학적 특징은 날쌔고도 생기발랄한 필치와 익살스럽고 약은 심술이 숨어있는 대화를 들 수 있다. 이탈리아의 『보카치오』와 영국의 초서에게도 많은 영향을 끼친다.

대표 작가로는 뤼트뵈프(Rutebeuf)를 들 수 있으며, 그는 프랑스 최초의 서정 시인, 음유 시인, 광대 시인으로 살면서 『파블리오』, 『성자전』, 『테오필의 기적』등 많은 작품을 남긴다.

5) 장미 이야기 (Le roman de la Rose)

『장미 이야기』는 기사도의 사랑을 우의(allégorie)라는 문학적 형식으로 쓴 작품이다. 약 40년 이상의 차이를 두고 두 명의 작가가 썼으며 1부와 2부로 구분된다.

제1부의 작가는 귀욤 드 로리스로 당시 유행하던 우의 기법과 정신에 따라 온갖 연애 기법을 담은 궁전 연애의 법전을 만든다.

『장미 이야기』제1부 줄거리: 아망(Amant, 애인)은 젊은 시절 플레지르(Plaisir, 쾌락)의 뜰에 들어가 로즈(Rose)를 사랑하게 되어 온갖 시련을 겪는다. 여인의 마음 일면을 대변하는 벨아쾨이유(Bel-Accueil, 환대)는 로즈에게 접근을 도우나 여인의 다른 일면인 당제(Danger, 위험)는 말부슈(Malbouche, 욕), 옹트(Honte, 수치), 푀르(Peur, 겁)와 짜고 이것을 가로막는다. 마침내 아망은 벨아쾨이유에 이끌려 로즈를 만나나 잘루지(Jalousie, 질투)에 의해 쫓겨 나 괴로움을 겪게 되고 벨아쾨이유는 탑 속에 갇히고 만다.

장미 이야기 제2부는 40여 년의 시간이 흐른 후에 장 드 묑이 속편을 쓴다.

『장미 이야기』제2부 줄거리: 벨아쾨이유의 유폐를 슬퍼하는 아망 앞에 레종(Raison, 이성)이 나타나, 3,000행의 시구로써 연애를 단념하도록 타이른다. 아미(Ami, 벗)도 충고하나 소용이 없다. 거기에 아무르(Amour, 사랑)가 부하를 데리고 와서 탑을 공격한다. 마침내 벨아퀘이유는 구출되나 적들과의 사이에 다시 싸움이 벌어져, 아망이 로즈를 꺾는 데는 나튀르(Nature, 자연)의 개입을 기다려야 한다.

이렇듯『장미 이야기』제2부는 제1부의 꿈과 탄식으로 이루어진 우아한 연애를 부정하고 종족 유지를 위한 본능적인 사랑을 주장한다.

우주, 인생, 종교, 도덕, 사상 등 백과 사전적 지식을 피력하는 합리적인 비판 정신이 돋보이며 이는 이전의 섬세한 귀족 정신과 대립한다. 자연과 이성을 결합한 철학은 훗날 라블레, 몽테뉴, 볼테르, 몰리에르 등에 영향을 준다.

À savoir plus)

※『장미 이야기』의 장미는 무엇을 상징하나요?

※『장미 이야기』의 제1부와 제2부에 나오는 장미에 대한 인식 변화를 조사하고 나아가 문학 속에 등장하는 여성혐오(misogynie)에 대해 생각 나누기.

※『장미 이야기』에 나오는 자연의 세계관이 18세기 계몽주의 사상으로까지 확장되는 세계관에 대해 생각하기.

6) 프랑수아 비용 (François Villon)

중세를 대표하는 서정 시인인 비용(Villon, 1431~1463?)은 영국의 지배와 질병과 기아 속에 허덕이던 파리의 가난한 뒷골목에서 태어나 비록 파리 대학을 나온 문학사이긴 하나 시대의 혼란을 한 몸에 지닌 듯 살인, 절도, 방탕 등으로 노상 갇히고 쫓기는 부랑자의 일생을 보내다 1463년에 추방 명령을 받은 후에 사라진다.

그의 시는 인상의 재빠른 바뀜과 그 감정의 성실성을 보여주며, 웃음에서 울음으로 명랑에서 슬픔으로 재빠른 변화를 보여주는 독창성을 발휘한다. 비용은 그가 느끼는 기분의 불안정성과 현실의 온갖 양상을 붙잡아 생생한 색채로 그려내는 데 성공한다.

비용은 죽음의 시인이라 불리며 대표작으로는 『소유언집』과 『대유언집』이 있다.

〈비용 묘비명〉

우리 뒤에 살아남을 동포들이여,

우리에게 무정한 마음을 품지 마오,

가엾은 것들이라 긍휼히 여기시면,

하나님이 그대들께 이 내 은총을 줄 것이니,

16세기 프랑스 문학

La Littérature française –XVIe siècle

(1) 르네상스 (Renaissance)

1) 프랑수아 라블레 (François Rabelais)

2) 플레이아드 (La Pléiade)

3) 몽테뉴 (Montaigne)

(2) 종교 전쟁 시대의 문학

(La littérature des guerres de Religion)

16세기 프랑스 문학
(La Littérature française –XVI siècle)

(1) 르네상스(Renaissance)

'재생, 부흥'의 뜻을 가진 르네상스란 고대 문학의 부흥을 뜻하는 말로 이른바 문예 부흥을 의미하며, 구체적으로는 16세기의 문학과 예술을 변화시킨 운동을 가리킨다. 르네상스는 프랑스뿐 아니라 이탈리아를 비롯한 유럽 전체에 걸친 문화 운동이다.

이미 15세기 말에 봉건제도와 교회의 권위가 실추되어 갔으며 부르주아 정신이 활발해진다. 그러나 아직 새로운 위대한 사상을 마련하지 못한, 숨 막히던 상황에서 해방해 줄 무엇인가가 절실한 시대이다. 이런 상황에서 16세기의 르네상스는 중세의 암흑을 벗어나 고대문화를 재생시키겠다는 자각과 열의, 이념을 표현한다. 르네상스의 두 조류는 위마니슴(Humanisme) 즉, 인본주의와 종교개혁을 들 수 있다. 먼저 프랑스의 르네상스에 대해 살펴보자.

이탈리아의 이상이 프랑스 기질과 접합되어 프랑스의 르네상스가 개화한다. 1515년 프랑수아 1세(François Ier)는 즉위와 함께 중세적인 낡은 도덕과 법규를 벗어내고 인간 정신에 대한 위마니슴(Humanisme)의 승리를 촉진하며, 콜레쥬 드 프랑스(Collège de France)를 설립한다. 프랑수아 1세의 누이인 마그리트 나바르 여왕(Marguerite de Navarre)은 이탈리아

보카치오(Boccace)의 『데카메론 *Décaméron*』의 영향을 받은 작품인, 『헵타메론 Heptaméron』을 저술한다. 『헵타메론』은 7일간의 이야기로 다섯 명의 남자와 다섯 명의 여자가 여행 도중 수도원에 피신해서 이야기를 나누고 토론하는 식으로 진행된다.

문학의 아버지(le Père des Lettres)라는 별명을 가진 프랑수아 1세는 누이인 마르그리트 드 나바르의 영향으로 문학인들에게 새로운 사회적 위상을 부여하고자 한다. 메세나(l'institution du mécénat)라는 후원 제도를 통해 문학인들에게 종교적 후원 형태나 연금, 왕실 후원으로 일정한 수입을 보장해 준다. 이 메세나 제도는 작가에게 생계를 보장해 주지만, 반대급부 현상으로 의무가 발생한다. 상황에 따라서 자신을 보호해 주는 왕이나 종교 단체의 영광과 이익을 위한 작품을 생산해 내는 일이다.

프랑수아 1세의 후원과 지지 아래 이탈리아 석학들의 작품이 르네상스 정신과 함께 프랑스에 파고든다. 그들은 진보에 대한 믿음이 있었으며 새로운 시작을 고대 그리스, 로마에서 찾으며 그 시대 삶의 정신을 회복하고자 한다. 인본주의자들은 원전에 대한 믿음으로 그리스, 로마 문학으로 돌아가 그 속에서 새로운 보편적 모랄, 인본주의 정신(l'esprit de l'humanisme)을 찾고자 한다.

위마니슴의 어원은 라틴어로 'Les litterae humaniores'이며, 'l'étude des lettres qui rend plus digne du nom d'homme', 즉 사람을 더 사람답게 만드는 문학 연구라고 할 수 있다. 게다가 이탈리아에서 위마니스타(umanista) 단어는 문법과 수사학의 교수(le professeur de grammaire et de rhétorique)를 지칭하는데, 이런 이중적 어원은 지식의 획득과 지식을 통제하는 도덕적 사고력의 관계를 보여준다. 인본주의자들은 이성과 지식을 통해서 모든 분야에서 이상적 완벽함을 추구한다.

르네상스의 발전에는 15세기 인쇄술(l'imprimerie)의 발명과 더불어 리옹과 같은 대도시에 출현한 서점(la librairie)의 역할도 크다. 15세기 중반 구텐베르크(Gutenberg)가 발명한 활자 인쇄술은 서적의 대량 생산을 가능하게 했으며, 서적을 인쇄하고 출판하며 판매하는 장소로 기능했던 서점은 서적의 대량 생산을 가능하게 해 유럽 전역에 새로운 정보와 지식이 퍼지게 하는 데 일조한다. 16세기에 서점을 보유한 프랑스 도시는 40여 곳이 넘었으며, 서점의 소책자 출판은 석학들의 취향을 고무시키며 위마니슴(인본주의 사상)을 전파하는 데 큰 영향력을 끼친다.

더불어 외국어 사전들이 편찬되며, 문학, 법률, 과학 분야의 서적들이 출판된다. 지적이며 물리적이며 도덕적인 분야에서 균형을 갖춘 교육적 사고에 관심을 가진 인본주의자들은 코스모폴리탄적인 세계 시민, 국제적 정신(un esprit cosmopolite)을 함양하며 평화와 균형 위에 세워진 이상적인 사회를 묘사하고자 한다. 대표적인 인본주의자로는 에라스무스(Erasme, 1469~1536), 라블레(Ragelais, 1494~1553), 몽테뉴(Montaigne, 1533~1592)를 들 수 있다.

1) 프랑수아 라블레 (François Rabelais)

라블레는 대략 1494년에 투렌느(Touriane)의 쉬농(Chinon) 근처 라드비니에르에서 변호사의 아들로 태어났다고 알려져 있다. 수도원에서 교육받고 수사로 지내다가 의학을 공부하여 1531년 이후에는 의사로 지낸다. 그의 대표작으로는『팡타그뤼엘 *Pantagruel*』(1532)과『가르강튀아 *Gargantua*』(1534)가 있다.

라블레는 전형적인 인본주의자이자 건실한 생활인으로 위의 작품들로 인해 소르본의 비판을 받고 탄압의 대상이 된다. 그의 작품에는 성선설을 믿으며 자연을 숭배하는 라블레의 사상이 자유롭고 완전한 사실주의적 묘사로 구현된다. 라블레는 강력한 리얼리즘의 창시자이자 풍자와 풍부한 용어의 구사력을 보여주며, 거인주의적 웃음과 언어의 향연을 펼친다.

『팡타그뤼엘』과『가르강튀아』의 주인공인 가르강튀아와 그의 아들 팡타그뤼엘은 거인이며 휴머니즘의 거대한 꿈을 표현한다. 이 거인은 자식에게 이성적 교육을 하며 지식에 대한 목마름과 비평적 정신, 개인적 경험의 중요성을 가르친다. 특히 육체의 건강은 정신 건강에 중요하며 손으로 하는 작업은 지식 교육에 필요불가결한 요소로 본다. 팡타그뤼엘은 자연을 존중하며 중도(le juste milieu)와 완전한 인간(l'homme complet)을 상징하며 르네상스 시대의 이상적인 인간상을 구현한다.

『팡타그뤼엘』 줄거리: 이 작품은 거대한 몸집과 식욕을 지닌 거대한 왕국의 왕자, 팡타그뤼엘의 탄생과 모험을 그린 작품이다. 팡타그뤼엘은 지식에 대한 갈망을 품고 학문을 연구하기 위해 여러 나라를 여행한다. 여행 중 유쾌하고 재치 있는 파뉴르주를 만나 함께 여행하면서 방문한 나라의 문화를 배우고 부조리한 상황에 대해서는 비판한다. 팡타그뤼엘은 여행을 하면서 겪는 다양한 사건들을 통해서 인간의 욕망과 지식, 사회적 규범에 대해 통찰한다. 팡타그뤼엘은 여정을 통해 인간의 본성과 사회적 모순에 대해 철학적 질문을 던지며 성장해 간다.

Extrait de *Pantagruel*

Gargantua, en son eage de quatre cens quatre vingtz quarante et quatre ans, engendra son filz Pantagruel de sa femme, nommée Badelec, fille du roy des Amaurotes en Utopie, laquelle mourut du mal d'enfant : car il estroit si merveilleusement grand et si lourd qu'il ne peut venir à lumière sans ainsi suffocquer sa mere.

가르강뛰아는 사백팔십사 세에 유토피아의 아모로테스 왕의 딸인 바드렉이라는 아내에게서 아들 팡타그뤼엘을 낳았는데, 바드렉은 출산으로 인해 사망했습니다. 팡타그뤼엘은 너무 크고 무거워서 어머니를 질식시키지 않고는 빛으로(세상에) 나올 수 없었습니다.

À savoir plus)

※ 팡타그뤼엘은 그가 태어난 때 세상이 온통 목말라 있었다는 의미로 붙여진 이름이다. 목마른 자들의 지배자가 된 팡타그뤼엘이 외치는 "목마름"은 무엇에 대한 목마름인지 생각하고 토의하기

※ 르네상스 시대에 언어, 말이 가진 의미는 무엇이라고 생각하나요? 라블레가 표현하고자 한 바를 갈증과 연관시켜 생각해 보기.

※ 라블레가 『팡타그뤼엘』과 『가르강뛰아』를 통해 보여주는 교육적 이상은 오늘날의 교육에 어떤 영향을 끼쳤는지 조사하고 생각 나누기.

2) 플레이아드 (La Pléiade)

롱사르를 비롯한 7명의 시인은 그리스, 로마 문학을 연구하는 동안 프랑스 시의 빈곤을 통감하고 이를 혁신할 운동을 일으킨다. 기원전 3세기 알렉산드리아의 7인의 시인을 본떠서 자신들을 '플레이아드'라 명명한다.

플레이아드는 종교적인 사색과 과학적인 연구, 이 두 갈래의 거센 물결 속에 휩쓸려 사라질 뻔한 순수 예술을 지켜낸다.

1549년 뒤벨레(Du Bellay, 1525~1560)는 『프랑스어의 옹호와 선양 *Défense et Illustration de la Langue française*』를 발표하며 모방을 통한 창조를 표방한다. 1부 〈프랑스어의 옹호〉에서는 프랑스어를 깔보고 그리스어, 라틴어를 좋아하는 위마니스트들에 맞서 프랑스어를 옹호한다. 프랑스어도 그리스어, 라틴어와 같이 위대한 작품을 낳아야 하며 그러기 위해서는 독창적인 모방으로 고대 작품의 본질에 동화해야 한다고 주장한다. 2부 〈프랑스어의 선양〉에서는 프랑스어를 선양하기 위해서는 중세의 단시를 버리고 고대인이 창조한 자유로운 형식인 오드(ode)와 소네트(sonnet)들을 모방하고 학술, 방언, 신어, 새 어법 등의 창조로 시어를 발전시키자고 주장한다.

롱사르는 사랑을 노래하는 '프랑스 시인 중의 왕자'로 불리며 사랑과 죽음, 자연, 조국애, 인류를 이끄는 영원의 힘을 노래하는 데 뛰어났던 서정 시인으로 추잉받는다. 대표작으로는 『기산드라의 사랑 *Les Amours de Cassandre*』(1552), 『마리의 사랑 *Les Amours de Marie*』(1555), 『헬레나를 위한 소네트 *Les Sonnets pour Hélène*』(1578)이 있다. 카산드라와 마리, 헬레나라는 고대 여신을 모방한 세 명의 이상화된 여성상을 통해 사랑이라는 주제를 형상화한다.

Sonnet à Marie

Je vous envoie un bouquet que ma main
Vient de trier de ces fleurs épanouies ;
Qui ne les eût à ce vêpres cueillies,
Chutes à terre elles fussent demain. (...)

내 손으로 만든 꽃다발을 당신께 보냅니다.
이 꽃들은 이제 막 활짝 피었습니다.
만약 이 저녁에 내가 그것들을 따지 않았다면,
내일이면 꽃들은 땅에 떨어졌을 것입니다. (...)

À savoir plus)

※ 사랑하는 여인을 주제로 소네트를 많이 쓴 롱사르의 시에는 장미가 많이 등장합니다. 그래서 시인의 이름 딴 '피에르 롱사르 장미'도 존재합니다. 롱사르가 쓴 장미가 나오는 시와 '피에르 롱사르 장미'를 찾아 비교하기.

3) 몽테뉴 (Montaigne)

몽테뉴는 1533년 페리고르(Périgord) 지역의 몽테뉴 성(城)에서 태어나 1592년에 몽테뉴 성에서 사망한다. 몽테뉴의 아버지는 프랑수아 1세와 이탈리아 원정을 다니며 르네상스를 접하고 보르도 시장까지 지낸 인물이다. 그는 아들의 교육에 독창적이고 열성적인 모습을 보여준다. 빈민을 이해하도록 그들의 손에서 자라게 하고 음악을 들으며 잠에서 깨게 했으며 프랑스어를 모르는 독일인 라틴어 교사에게 교육을 맡길 정도로 르네상스 시대의 교육관을 실현한다.

몽테뉴는 1568년에 아버지가 죽자, 법관직을 버리고 영지에 은퇴하여 자유로운 생활을 보내며 집필에 전념한다. 많은 독서를 하고 일상생활의 사소한 일들에 관한 성찰들을 써나간 『에세 *Les Essais*』를 1580년에 출판한다.

신장 결석 치료차 휴양 여행을 다녀온 후 보르도 시장으로 취임하여 종교 전쟁의 내란으로 생긴 어려운 고비를 무난히 처리한다. 독실한 가톨릭인 몽테뉴는 앙리 4세의 친근한 조언자이기도 했으며 종교 전쟁의 갈등 속 '관용 Tolérance'이라는 개념을 설파한다.

『에세』는 인류 최고의 책 중 하나로 평가되며, '시험un essai'의 뜻을 가진 '생각을 시험하니essayer une pensée'는 의미로 자신의 삶과 경험은 물론 타자들의 삶과 경험의 측정을 통해 자신의 행동과 감정의 분석을 시도한다.

몽테뉴의 사상은 "크세즈Que sais-je", 즉 "나는 무엇을 아느냐?"로 대표되며 끝없는 자기 시험으로 스토아주의와 회의주의를 거쳐 적극적인 긍정의 자기완성으로 나아간다.

몽테뉴는 '인생을 사는 기술 l'art de vivre'의 요점으로 독립을 이루는 것을 중요시한다. 그에 따르면 인생을 제대로 살기 위해서는 죽는다는 생각을 견뎌낼 수 있어야 하며, 인생의 적은 죽음이 아니라 고통임을 주장한다. 몽테뉴는 하나의 인간, 곧 자기를 자기 책 속에서 성실히 그려내고자 했으며, 그가 자기를 응시하는 동안 자기 이상의 그 무엇, 곧 '인간'을 그 속에서 발견하기에 이른다.

실천적 쾌락주의로 불리는 몽테뉴의 행복 철학은 자기희생, 자비와 같은 기독교의 그것과는 반대되는 이기주의이며, 이상적인 신사(honnête homme)의 도덕관을 형성하는데 이는 17세기 고전주의의 특성을 이루기도 한다.

Extrait des *Essais*

[…] ce que nous appelons ordinairement amis et amitiés, ce ne sont qu'accointances et familiarités nouées par quelque occasion ou commodité, par le moyen de laquelle nos âmes s'entretiennent. En l'amitié de quoi je parle, elles se mêlent et confondent l'une l'autre d'un mélange si universel qu'elles effacent et ne retrouvent plus la couture qui les a jointes. Si on me presse de dire pourquoi je l'aimais, je sens que cela ne peut s'exprimer qu'en répondant : « Parce que c'était lui, parce que c'était moi.

[…] 우리가 일반적으로 친구나 우정이라고 부르는 것은 어떤 기회나 편의로 우리의 영혼이 소통하는 방법에 따른 친밀한 관계일 뿐입니다. 내가 말하는 우정에서는 우리의 영혼이 너무 보편적이어서 서로 사라지는 혼합물처럼 뒤섞이고, 그것을 연결하는 이음새를 더 이상 찾을 수 없습

니다. 내가 그 사람을 왜 사랑했는지 말해야 한다면, "그 사람이었으니까, 나였으니까"라는 대답으로만 표현할 수 있다고 생각합니다.

À savoir plus)

※ 다음 몽테뉴의 생각에 대해 토의하기. "나는 나의 전 존재를 가지고 세계와 상통한다. (...) 모든 사람은 자신 속에 인간적 조건의 모형을 지니고 있다."

※ "철학을 한다는 것은 죽음을 배우는 일이다."는 몽테뉴의 표현을 바탕으로 죽음과 고통의 문제, 문학과 철학의 의의에 대해 토의하기.

(2) 종교 전쟁 시대의 문학 (La littérature des guerres de Religion)

종교개혁과 인본주의는 르네상스 시대에 큰 영향을 미친 두 조류다. 프랑스는 16세기에 엄청난 종교적 혼란을 겪는다. 종교적 환상, 종교적 구실로 자행된 내전과 대학살, 암살의 시대이기도 하다.

프랑스는 신, 구교의 갈등이 가장 오래 지속된 국가이기도 하며 〈앙부아즈의 음모〉에서 〈낭트칙령〉까지 투쟁적인 신학적 작품들이 출판된다. 앙부아즈의 음모(la conjuration d'Amboise)는 1560년에 위그노가 프랑수아 2세와 기즈 공작을 납치하려던 음모로써, 사전에 발각되어 천2백여 명이 학살된 사건이다. 이후 30년간의 위그노 전쟁이 시작된다. 위그노(Huguenot)란 프랑스의 프로테스탄트를 가리키는 말이다.

또한 1572년 발생한 성 바르톨로메오(Saint-Barthélemy) 축일의 대학살 사건도 중요한 역사적 사건이다. 카트린느 드 메디치(Catherine de Médicis)와 기즈 공작(Duc de Guise)의 모의로 카트린느의 딸인 마고와 나바르의 왕인 앙리의 결혼식장에 방문한 위그노 신도들을 학살한 사건이다. 이때 하룻밤 사이에 위그노의 수장인 콜리니 제독을 비롯 7만여 명의 위그노들이 목숨을 잃는다.

앙리 4세(Henri IV)는 1598년 낭트칙령(l'édit de Nantes)을 통해 30년간 지속된 신, 구교의 갈등을 종식하고 신교인 자신이 구교로 개종하면서 신교도들에게 어느 정도 신앙의 자유를 인정하고자 한다. 그러나 훗날 루이 14세(Louis XIV)가 낭트칙령을 철폐하면서 프랑스 신교도들의 모든 종교적, 시민적 자유를 박탈한다. 이로써 40만 명 이상의 위그노들이(대부분

상인, 군인 신분의 중산층 계층) 영국, 네덜란드, 미국 등으로 망명하게 됐고 이는 곧 프랑스 국부 유출로 이어진다.

루터(Luther)는 로마교황청이 베드로 성전 건축 비용을 충당하기 위해 면죄부를 판매하기 시작하자, 비텐베르크 성당에 95개 조의 반박문을 붙이며 교황청에 맞서 이신칭의(믿음으로 말미암아 의롭다함을 얻음)를 주장한다.

칼뱅(Calvin)은 하나님과 성경 말씀 중심으로 다음과 같은 5가지 원칙을 내세우며 종교개혁의 큰 흐름을 내세운다. Sola Scriptura(오직 성경), Solus Christus(오직 그리스도), Sola Gratia(오직 은혜), Sola Fide(오직 믿음), Soli Deo Gloria(오직 주만 영광 받으심)이 바로 그 원칙이다.

당시 개신교 문학(La littérature protestante)은 16세기 카톨릭의 다음 3가지 원칙인 스스로의 선행에 의해 선(le bien)에 이를 수 있다는 인본주의적 낙관론, 성인 숭배와 교회의 권위를 비난한다.

종교 전쟁 시대의 대표적 작품으로는 칼뱅이 『그리스도교 강요 *L'Institution de la religion chrétienne*』(1536)와 도비네(d'Aubigné)의 팜플렛을 들 수 있다. 특히 도비네의 팜플렛 중 『상시씨의 가톨릭 고해 *La Confession catholique du sieur de Sancy*』(1610)와 『패네스트 남작의 모험 *Les Aventures du baron Faeneste*』(1617)는 훗날 빅토르 위고의 『레 미제라블 *les Misérables*』(1862)에 영향을 준다.

카트린 드 메디치

영화 〈여왕 마고〉 중 앙리 4세와 마고의 결혼식 장면

À savoir plus)

※ 영화 〈여왕 마고〉 (파트리스 세로 담독, 이자벨 아자니, 다니엘 오떼유 주연, 1994)를 보고 성 바르톨로메오 학살 사건과 종교 전쟁의 여파에 대해 생각하고 토의하기.

17세기 프랑스 문학

La Littérature française–XVIIe siècle

(1) 고전주의 (Classicisme)

1) 아카데미 프랑세즈 (Académie française, 프랑스 한림원)

2) 살롱 (Salon)

3) 데카르트 (Descartes)

(2) 고전주의 문학

1) 파스칼 (Pascal)

2) 코르네이유 (Corneille)

3) 라신느 (Jean Racine)

4) 몰리에르 (Molière)

5) 보왈로 (Boileau)

6) 라퐁텐느 (La Fontaine)

7) 마담 드 라파예트 (Madame de la Fayette)

17세기 프랑스 문학
(La Littérature française–XVIIe siècle)

(1) 고전주의 (Classicisme)

고전주의의 시작은 앙리 4세의 통치 시대(1589~1610)인 16세기 말엽에서 루이 13세의 통치 시대(1610~1643)인 17세기 초두를 일컫는다. 이 시기는 르네상스 이후 인본주의와 종교 전쟁의 폐해로 개인주의와 무정부주의 대신 평화와 질서를 도로 찾기 위해 옛날의 규율로 돌아가고자 하며 전반적인 협조의 기운이 움트는 시기였다. 낭트칙령을 통해 구교가 신교를 받아들이게 됐으며 합리주의가 신앙과 공존하며 절대 왕정이 확립된 시기였다. 프랑스 민족의 영원한 특질 중 하나인 건전하고도 실천적인 부르주아 정신이 사회를 지배하게 되는 시기이기도 하다.

먼저 중요한 문학적 흐름으로 바로크 문학(Baroque, 1580~1640)을 들 수 있다. 바로크는 포르투갈어로 '찌그러진 진주'를 뜻하는 'pérola barroca'에서 나온 용어로 르네상스 시대의 조화로운 이상 대신 크고 장식적인, 과장된 표현을 비하한 데서 유래한다. 특히 바로크 문학은 종교 전쟁의 시대를 지나면서 겪게 된 사회정치적 혼란과 분열을 반영하며 인간 내면의 복잡성과 갈등을 표현하고 있다. 죽음과 사랑, 빛과 어둠, 종교적 갈등을 주제로 화려하고 장식적인 언어와 신비주의적 묘사를 한다.

정치적으로는 프롱드의 난(la Fronde, 1648~1653)으로 왕권 강화의 필요성을 느낀 루이 14세의 집권과 절대 왕정은 고전주의의 발전에 중대한 영향력을 끼친다. 고전주의는 이성과 질서, 권위를 중시하기 때문에 예술가들도 규칙과 전통을 따르는 것을 중시한다.

말레르브(Malherbe, 1555~1628)는 고전주의 문학의 시작과 함께 꼭 언급되는 작가다. 리슐리외가 국정에서 행한 것 같은 개혁을 문학의 세계에서 일으킨 사람으로 앙리 4세와 루이 13세를 섬긴 궁정시인이기도 하다. 규율을 좋아하며 위마니스트들이 끌어들인 온갖 기원의 말들과 어법들로 혼탁해진 프랑스어를 순화하고 시를 혁신함으로써 고전주의 걸작이 탄생하도록 길을 만들어준다.

말레르브의 업적을 보알로(Boileau)는 "마침내 말레르브가 왔다."는 한 문장으로 정리한다. 이성을 따르며 사상의 온전한 이해를 방해하는 온갖 요소들을 배격하며, 명쾌하며 규칙적이고 간결하고 정확한 단어의 사용을 요구한 말레르브의 문법적 업적은 1635년에 설립된 아카데미 프랑세즈(Académie française)에 의해 계승된다.

À savoir plus)

※ 영화 〈왕의 춤〉(제라르 코르비오 감독, 브누아 마지멜, 보리스 테랄, 체키 카료 주연, 2001)을 감상하고 루이 14세와 륄리, 몰리에르의 관계를 통해 권력과 예술의 상호작용에 대해 토의하기.

※ 바로크 양식을 대표하는 문학과 건축, 회화, 음악을 조사하고 비교하기.

1) 아카데미 프랑세즈 (Académie française, 프랑스 한림원)

1626년부터 몇몇 문학 애호가들이 소모임을 갖는다는 소식을 들은 리슐리외(Richelieu)는 모든 일을 통제하기 좋아하듯이 이 모임에 공적인 보호를 자처한다. 27명으로 구성된 이 회의는 1635년 루이13세의 칙허를 받으며 아카데미 프랑세즈란 이름으로 창립하게 된다.

리슐리외는 국어와 문학에 통제를 가하고자 이 박식한 학자들의 집단에 사전, 문법, 수사학, 작시법의 편찬을 맡기며 1694년에『사전 *Dictionnaire*』의 초판을 간행한다. 말레르브는 관용을 으뜸으로 삼으며 서민의 관용이 신사(honnête homme)의 관용으로 바뀜으로써 말의 개념을 더욱 엄격하게 제한하기 시작한다.

현재 아카데미 회원은 시인, 철학자, 과학자 등 당대 최고의 각 분야의 권위자로 구성되며, 40명으로 구성된 아카데미 회원은 '불사 Immortel'란 칭호를 받으며 최고의 영예를 구가한다.

2) 살롱 (Salon)

17세기 전반에 출현한 살롱은 사교계에 아카데미 프랑세즈보다 더 큰 영향력을 행사한다.

살롱은 1608년 랑부이에 후작 부인이 남편의 사망 이후, 앙리 4세 궁정의 방종과 거칢에 염증을 느껴서 화려한 궁전 대신 자신의 저택(Hôtel de Rambouillet)에 친구들을 초대한 것이 시초라고 알려져 있다. 살롱에서는 안주인(Madame)의 주도로 섬세한 언어, 감정, 태도를 중요시하며 문학, 예술, 사상에 관한 활발한 의견 교환이 이루어진다. 19세기 카페의 등장과 새로운 사교의 장이 활성화될 때까지 살롱은 지적인 사회생활의 중심지 역할을 담당한다.

살롱에서의 모임은 귀족 계급의 상류 사교계(le monde)를 형성하며 자신들만의 '세련된 정신 l'esprit précieux'을 추구한다. 이들을 프레시오지테

(préciеusité, 세련된 재치)를 추구하는 프레시외(précieux) 혹은 프레시외즈(précieuse)라고 지칭하는데 이들은 섬세한 심리적 작품과 이상주의 작품을 탐구한다. 이러한 귀족 문학은 서민들에게 풍자의 대상이 되기도 한다. 당시 서민 문학을 대표하는 작품으로는 익살극(burlesque)을 들 수 있는데 신성한 것, 위대한 것을 비속하게 그림으로써 거기서 파생하는 유머를 노린 익살극 형태이며 민중의 풍자 정신의 산물이다.

À savoir plus)

※ 영화 〈시라노〉에 나오는 록산은 이상적인 사랑과 문체의 완벽함을 꿈꾸는 대표적인 프레시외즈다. 아래 표현을 참고하여 현대의 일상 용품을 프레시오지테식 어휘로 만들어보기.

※ 17세기 프레시오지테 표현들:

balai : instrument de la propreté – 빗자루: 깨끗함의 도구
fauteil : commodité de la conversation – 안락의자: 대화의 편리
sein : réservoir de la maternité – 가슴: 모성애의 보고

※ 현재에도 사용되고 있는 프레시오지테 표현들 :

perdre son sérieux – 진지함을 잃다
s'encanailler – 품위가 떨어지다
châtier son style – 문체를 다듬다
faire des avances – 말을 붙이다, 수를 쓰다
un tour d'esprit – 기질, 성질, 재치

3) 데카르트 (Descartes)

데카르트는 1596년 투렌느의 라에(La Haye)에서 태어나 1650년 스톡홀름에서 병사한다. 그는 1637년 『방법서설 *Discours de la Méthode*』을 저술한다. 이 책은 프랑스어로 쓰인 최초의 철학서이자 아주 넓은 분야에 영향력을 행사한 책으로 근대 철학의 시초가 된 데카르트의 대표작이다.

데카르트는 수학을 본뜬 명증한 직관을 통해 분석과 필연적 추리를 철학에 끌어들여 어떤 회의론도 깨뜨릴 수 없는 진리의 실마리를 찾고자 한다. 데카르트는 "나는 생각한다, 그러므로 나는 존재한다. Je pense, donc je suis"는 명제로 두 개의 진리, 즉 신의 존재와 외계의 존재를 탐구하며 신의 존재 및 사회와 물질과의 이원론을 바탕으로 하는 형이상학을 수립한다.

데카르트는 『방법서설』에서 첫째, 명증하지 않은 것은 아무것도 진리로 받아들이지 말 것, 둘째, 어려운 문제를 하나하나 되도록 세분할 것, 셋째, 언제고 간단한 것에서 복잡한 것으로 나아갈 것, 넷째, 빠뜨린 것이 하나도 없다는 확신을 가질 수 있을 만큼 충분한 열거와 총체적인 재검토를 할 것을 제안한다. 데카르트의 철학은 막연하게 품고 있던 이성에 대한 강력한 자각을 인식시키며 종교의 교리에 합리적인 근거를 부여하고, 이전의 전통과 계시 대신 이성을 바탕으로 한 과학적 추리를 가능하게 하며, 장차 18세기 합리주의의 길을 연다.

Extrait du *Discours de la méthode*

(...) Mais, aussitôt après, je pris garde que, pendant que je voulais ainsi penser que tout était faux, il fallait nécessairement que moi, qui le pensais, fusse quelque chose. Et remarquant que cette vérité : je pense donc je suis, était si ferme et si assurée, que toutes les plus extravagantes suppositions des sceptiques n'étaient pas capables de l'ébranler, je jugeai que je pouvais la recevoir, sans scrupule, pour le premier principe de la philosophie que je cherchais.

(...) 하지만 그 직후, 내가 모든 것이 거짓이라고 생각하려 할 때, 그 생각을 하는 나 자신은 반드시 존재해야 한다는 것을 깨달았다. 그리고 이 진리, 즉 "나는 생각한다. 그러므로 나는 존재한다."가 매우 확고하고 확실하여, 회의주의자들의 가장 터무니없는 가정들도 그것을 흔들 수 없다는 것을 깨달은 나는, 그것을 내가 찾고 있던 철학의 첫 번째 원리로 주저 없이 받아들일 수 있다고 판단했다.

À savoir plus)

※ 이성을 잘 인도하고 학문에서 진리를 찾기 위한 방법을 알려주는 책이라고 할 수 있는 데카르트의 『방법서설』에서 주장하는 "나는 생각한다, 그러므로 나는 존재한다. Je pense donc je suis(cogito, ergo sum)"에 대해 생각하고 토의하기.

(2) 고전주의 문학

1) 파스칼 (Pascal)

1623년 클레르망 페랑에서 태어난 파스칼은 1662년 파리에서 사망한다. 파스칼은 어려서부터 특히 과학에 매우 조숙한 천재로 알려졌으며 19세에 계산기를 발명하고 23세에 진공에 대한 실험과 연구로 명성을 얻고, '파스칼의 정리'를 비롯한 물리학상의 위업을 달성한 인물이다. 파스칼은 이성주의(Rationalisme)와 자유사상(Libertinage)이 휩쓸던 17세기에 신앙 없는 이성의 무력함을 증명하려고 한다.

지난 세기의 격렬한 종교개혁은 가톨릭 신자들 사이에서도 각성의 계기가 됐으며 포르 로아얄(Port Royal) 수도원을 중심으로 한 장세니즘(Jansénisme)이라는 가톨릭 내 자정 운동이 일어난다. 장세니즘에서는 원죄를 타고난 인간은 은총에 의해서만 구원받을 수 있으며, 인간 자체로는 아무것도 할 수 없으며 오로지 고행에 의해서만 은총을 받을 수 있다고 주장한다. 장세니스트들은 왕권을 내세운 제쥐트(jésuite, 예수파)에 의해서 강력한 공격과 박해를 받게 된다. 쟝세니스트인 파스칼은 1654년 한 파티에서 귀가하던 중 마차 사고가 발생하고 이때 기적적으로 살아난 후, 회심하게 되고 열렬한 신앙의 소유자가 된다.

파스칼의 대표 저서 중 하나인 『시골 친구에게 쓴 편지 *Provinciales*』는 1656년 포르 로아얄 파에 대한 예수파의 공격이 심해지자 이를 옹호하고자 쓴 편지로 힘찬 논리와 정열, 미묘한 풍자 등 온갖 웅변술이 포함된 18통의 편지로 고전주의 문학의 첫 걸작으로 평가받는다.

파스칼의 수사학의 원리는 '납득시키다persuader le cœur'이다. 보여주는 사상 자체보다도 인간성을 날카롭게 분석하는 모랄리스트적인 특질과 성실성으로 독자를 인간성의 심연 속으로 끌려들어 가게 하는 놀라운 표현력을 보여준다. 1670년에 출간된 파스칼의 또 다른 작품인 『팡세 *Pensées*』는 인류 최고의 책 중 하나로 일컬어지며 파스칼의 '기독교 변증'을 위한 메모들을 사후에 정리해서 출간한 작품이다.

『팡세』 줄거리: 파스칼이 의도하는 '기독교 변증'의 구상은 '신 없는 인간의 비참'이 기독교 신앙에 의해 '신과 같이 인간의 행복'에 이를 수 있음을 증명하려는 것이다. 우선 그는 종교가 이성이나 행복을 추구하는 마음에 어긋나지 않는 것임을 증명하려 한다. 진리를 추구하면서도 불안밖에는 얻지 못하는 것은 이성에 한도가 있기 때문이니 이를 신앙으로 보충해야 하며, 행복을 찾으면서도 비참함과 죽음밖에는 얻지 못하는 인간들로서는 종교가 진리라는 도박을 하고, 이로써 자기의 생활을 가다듬는 것이 실천적으로 이득이라고 전제한다.

파스칼은 이러한 전제를 증명하기 위해 인간이란 공허와 위대의 혼합물로서 '생각하는 갈대'라고 여기며, 이와 같은 모순과 수수께끼를 풀 수 있는 것은 기독교의 원죄 사상밖에는 없다고 본다. 속죄와 사랑의 종교인 기독교만이 이 타락한 본성에 용서와 구원을 줄 수 있으니, 구원의 은총을 얻기 위해서는 이를 기다리면서 기독교적 생활을 충실히 해나가야 한다. 이로써 인간성의 모순은 해결되어 '신과 함께 있는 행복'에 이를 수 있다고 주장한다. 열렬하고도 고뇌에 찬 정열과 가장 완전한 지성을 가지고 신과 일체가 된 자기 혼의 시정을 노래한 파스칼은 기독교 문학뿐 아니라 고전주의 문학의 최고 시인 중 한 명이다.

Extrait des *Pensées*

L'homme n'est qu'un roseau, le plus faible de la nature, mais c'est un roseau pensant. Il ne faut pas que l'univers entier s'arme pour l'écraser, une vapeur, une goutte d'eau suffit pour le tuer. Mais quand l'univers l'écraserait, l'homme serait encore plus noble que ce qui le tue, puisqu'il sait qu'il meurt et l'avantage que l'univers a sur lui. L'univers n'en sait rien.

인간은 자연에서 가장 약한 존재인 하나의 갈대에 불과하지만, 생각하는 갈대다. 온 우주가 인간을 무너뜨리기 위해 무장할 필요가 없다. 한 줄기 증기나 한 방울의 물로도 죽일 수 있다. 그러나 우주가 인간을 짓누른다 해도, 인간은 자신을 죽이는 우주보다 더 고귀할 것이다. 왜냐하면 인간은 자신이 죽는다는 것을, 우주가 자신보다 우위에 있다는 것을 알기 때문이다. 우주는 그것을 알지 못한다.

À savoir plus)

※ 파스칼의 도박론(Le pari pascalien)에 대해 조사하고 토의하기. (Le salut est dans la foi.)

2) 코르네이유 (Corneille)

코르네이유는 1606년 루앙에서 태어나 1686년 파리에서 사망한다. 그는 가업에 따라 법학을 전공하고 변호사가 되었으나 적성에 맞지 않아 소시민적인 생활을 보내다 『르시드 *Le Cid*』(1637)의 성공으로 일약 극단의 스타가 된다. 그러나 훗날 젊은 라신의 등장으로 인해 인기를 잃고 쓸쓸한 말년을 보낸다.

고전주의 희곡에서는 삼일치 법칙(les règles des trois unités)이 중요하게 여겨지는데 이는 아리스토텔레스(Aristoles)에 의해 제기되고 보알로(Boileau)에 의해 확립된 규칙이다. 그 의미는 "한 곳에서 하루에, 단 하나의 사건이 완결되도록 하는 규칙 Qu'en lieu, qu'en un jour, un seul fait accompli"을 말한다.

코르네이유는 그의 대표작인 『르 시드』의 대성공과 더불어 르시드 논쟁을 불러일으킨다. 르시드 논쟁은 삼일치 법칙에 어긋났다는 이유를 든 아카데미 프랑세즈의 공격으로 야기된다. 반면 대중들은 "르 시드만큼 아름답다. Beau comme Le Cid"라는 문장이 생길 정도로 열렬한 환영을 한다. 『르 시드』외에 코르네이유의 대표 작품으로는 『오라스 *Horace*』(1640), 『신나 *Cinna*』(1640), 『폴리외크드 *Polyeucte*』(1643) 등이 있다. 코르네이유 작품의 특징으로는 '영웅주의'를 꼽을 수 있다.

코르네이유의 영웅주의는 그 연애관과 의지의 전능성 속에 잘 나타나며 완전히 데카르트적이다. 연애란 존경을 바탕으로 하는 선의 인식이며 상대방 속에서 완성을 찾는 노력이다. 예를 들어 『르 시드』의 주인공인 로드리그와 쉬멘느는 서로가 사랑을 받을 수 있는 위대한 혼을 갖기 위해 상대편의 아버지를 죽여야 하는 의무를 벗어날 수 없으며, 이 상극처럼 의무를 다한 뒤에 오는 명예라는 보다 고차원적인 선에 연애를 종속시킨다. 정념과 의지와의 싸움에서 발생하는 극적인 비장미가 돋보인다.

À savoir plus)

※ 다음 코르네이유의 유명한 시구들을 큰 소리로 읽어보기.

- "Va, cours, vole et nous venge"
  (Don Diègo dans *Le Cid*)
- "Et le combat cessa faute de combattants"
  (Don Rodrigue dans *Le Cid*)
- "Qui veut mourir ou vaincre est vaincu rarement"
  (Horace dans *Horace*)
- "Rome, l'unique objet de mon ressentiment···"
  (Camille dans *Horace*)
- "Elle a trop de vertu pour n'être pas chrétienne"
  (Polyeucte dans *Polyeucte*)
- "Il faut bonne mémoire après qu'on a menti"
  (Cliton dans *le Menteur*)
- "Rome n'est plus dans Rome, elle est toute où je suis"
  (Sertorius dans *Sertorius*)

3) 라신느 (Jean Racine)

라신느는 1639년 샴파뉴에서 태어나 1699년 파리에서 사망한다. 그는 인간 조건인 운명(destin)에 짓눌린 인간을 그려 보임으로써 고전 비극의 전형을 탄생시킨다. 주인공들이 정념(passion)과 싸워 이길 힘을 갖지 못함으로써 패망하는 인물들을 그린 비장미로 절도 있는 수법과 강력한 시적 감정이 결합한 완벽한 기교로 가장 높은 예술의 경지에 올랐다고 평가된다. 숙명(fatalité)의 등장이다.

라신느는 그리스, 로마 신화와 성경에서 비극의 주제를 찾아서 그의 대표 작품들은 그리스 비극과 로마비극, 성경 비극으로 나눈다. 그리스 비극으로는 『앙드로마크 *Andromaque*』(1667), 『이피제니 *Iphigénie*』(1674), 『페드르 *Phèdre*〉(1677)가 있다. 로마비극으로는 『브리타니쿠스 *Britanicus*』(1669)가 있으며 성경 비극으로는 『에스테르 *Esther*』(1689), 『아탈리 *Athalie*』(1691) 등이 있다.

『페드르』 줄거리: 페드르의 남편인 테제 왕이 사망한 것으로 알려진 가운데, 페드르는 의붓아들인 이폴리트를 사랑하게 된다. 이폴리트는 페드르를 거부하지만, 페드르는 더욱 정념에 불타게 되고 유모인 에논에게 의붓아들을 향한 사랑의 열병을 고백한다.

죽은 줄 알았던 테제 왕이 귀환하고, 에논은 두려움에 테제에게 이폴리트가 페드르를 유혹하려 했다고 거짓말을 한다. 이폴리트가 아리사를 사랑한다는 사실에 질투하는 페드르는 그가 아버지의 분노를 받게 내버려 둔다.

이폴리트는 사고로 죽게 되고, 페드르는 자신에게 잘못된 충고를 한 에논을 추방한다. 그리고 독을 마신 후 테제에게 이폴리트의 무고함을 고백하고 죽는다.

Extrait de *Phèdre*

[...]
J'aime. Ne pense pas qu'au moment que je t'aime,
Innocente à mes yeux, je m'approuve moi-même,
Ni que du fol amour qui trouble ma raison,
Ma lâche complaisance ait nourri le poison.
Objet infortuné des vengeances célestes,
Je m'abhorre encor plus que tu ne me détestes.
Les dieux m'en sont témoins, ces dieux qui dans mon flanc
Ont allumé le feu fatal à tout mon sang ;
Ces dieux qui se sont fait une gloire cruelle
De séduire le cœur d'une faible mortelle.
Toi-même en ton esprit rappelle le passé.
C'est peu de t'avoir fui, cruel, je t'ai chassé :
J'ai voulu te paraître odieuse, inhumaine,
Pour mieux te résister, j'ai recherché ta haine.
De quoi m'ont profité mes inutiles soins ?
Tu me haïssais plus, je ne t'aimais pas moins.
Tes malheurs te prêtaient encor de nouveaux charmes.
J'ai langui, j'ai séché, dans les feux, dans les larmes.
Il suffit de tes yeux pour t'en persuader,
Si tes yeux un moment pouvaient me regarder.

나는 사랑한다. 내가 너를 사랑한다고 생각하지 마,
내 눈에는 순진하게 나 자신을 인정하며,
미친 사랑이 내 이성을 흐리게 한다 해도,
내 비겁한 동정심이 독을 키운 것이라 해도.
불행한 신들의 복수의 대상인 나는,
너보다 나 자신을 더 혐오한다.
신들이 증인이다, 내 옆구리에서
모든 피를 태우는 불길을 피운 그 신들이.
그 신들은 잔인하게도
약한 인간의 마음을 유혹하는 것을 명예로 삼았다.
너 자신도 마음속으로 과거를 떠올려 봐.
너를 피했다고 해서 충분하지 않다, 잔인한 너여, 나는 너를 쫓아냈다.
내가 너에게 더 불쾌하고 비인간적으로 보이게 하려 했고,
너의 증오를 얻기 위해 더 저주스럽게 보이려 했다.
내가 했던 헛된 노력들은 무엇이었을까?
너는 나를 더 미워했지만, 나는 너를 덜 사랑하지 않았다.
너의 불행은 오히려 너를 더욱 매력적으로 만들었다.
나는 불타고, 눈물 속에서 말라갔다.
네 눈만 있다면 그것을 깨달을 수 있다,
만약 네 눈이 잠깐이라도 나를 바라볼 수 있다면.

À savoir plus)

※ 다음 라신느의 유명한 시구들을 큰 소리로 읽어보기.

–“Brûlé de plus de feux que je n’en aluumai”
(Pyrrhus dans *Andromaque*)

–“Pour qui sont ces serpents qui sifflent sur vos têtes?”
(Orste dans *Andromaque*)

–“J’embrasse mon rival, mais c’est pour l’étouffer”
(Néron dans *Britannicus*)

–“Le jour n’est pas plus pur que le fond de mon coeur”
(Hyppolyte dans *Phèdre*)

※ 페드르가 이런 치명적인(운명적인) 사랑에 빠지게 된 이유와 유모의 역할에 대해 그리스 신화에 나오는 페드르의 가족관계를 조사하고 토의하기.

※ 나쁜 여자 혹은 나쁜 남자를 일컫는 용어인 팜므파탈(Femme fatale)과 옴므파탈(Homme fatal)에 대해 조사하고, 문학작품이나 영화에 등장하는 팜므파탈(옴므파탈) 찾기.

※ 코르네이유의 명예를 중시하는 연애관과 숙명을 중시하는 라신느의 연애관에 대해 고찰하고 토론하기.

4) 몰리에르 (Molière)

몰리에르는 1622년 파리에서 태어나 1673년 파리에서 사망한다. 그는 극작가이자 배우였으며 연출가이기도 하고 극단 운영을 직접 하는 극장주이다. 『상상병 환자 *Le Malade imaginaire*』(1673)에 출연하던 중 무대 위에서 사망한다. 그의 희극은 중세 민중의 모습을 가장 충실하게 그린 예술 형식인 익살극(farce)의 전통을 잘 살린 극으로 몰리에르는 근대 희극을 완성했다는 평가를 받는다.

익살극은 이탈리아의 영향을 받아서 장난기 있는 하인, 늙은 구두쇠와 같은 전형적인 인물들과 상황들이 등장한다. 인물의 성격 묘사에 바탕을 두며 성격 속에 뿌리 깊게 자리 잡은 인간의 약점을 폭로함으로써 웃음이 생겨나게 한다. 여기서 몰리에르 희극의 특질과 독창성을 찾을 수 있다.

몰리에르는 인간 정신의 이면과 동기, 원동력을 심리적 리얼리즘에 의해 포착함으로써 당시 사회에서 생활하는 인간의 평범과 복잡함을 그려냈으며, 타르튀프와 아라공처럼 등장인물 하나 하나에게 강한 개성을 부여한다. 따라서 몰리에르의 희극은 성격희극이자 풍속 희극으로 그 속에서 비판 정신을 엿볼 수 있다.

주요 작품으로는 『아내의 학교 *L'Ecole des femmes*』(1662), 『타르튀프 *Tartuffe ou l'imposteur*』(1664), 『동쥐앙 *Don Juan*』(1665), 『염세자 *Misanthrope*』(1666) 등이 있다. 그의 작품에서는 수로 빙딩과 위신, 거싯 신앙을 고발하는 주제를 찾을 수 있다.

『타르튀프』 줄거리: 타르튀프는 위선자이자 사기꾼으로, 신앙심 깊은 사람인 척하며 오르공을 매료시킨다. 오르공은 타르튀프를 신뢰하며, 그를 자신의 집에 초대한다. 그러나 타르튀프는 돈과 여자, 음식에 탐욕스런 사람으로 오르공의 아내인 엘미르에게 접근하고, 유혹하려 한다. 엘미르는 타르튀프의 위선을 폭로하려고 하지만 오르공은 타르튀프의 진짜 모습을 알지 못하고 그를 더욱 신뢰하며, 가족과 갈등을 일으킨다. 결국, 엘미르와 가족은 타르튀프의 위선을 증명하기 위해 협력하고, 타르튀프의 추태를 폭로한다. 타르튀프의 정체가 드러나면서 오르공은 그의 잘못을 깨닫고 그를 집에서 쫓아낸다.

몰리에르는 타르튀프를 통해 사회와 종교의 위선을 비판하며, 이를 통해 관객에게 교훈을 주고자 한다. 연극의 성공과 더불어, 극 중 위선자인 타르튀프는 '위선자'라는 일반 명사로 사용되기도 한다.

Extrait de *Tartuffe*

Quoi ? Parce qu'un fripon vous dupe avec audace sous le pompeux éclat d'une austère grimace, vous voulez que partout on soit fait comme lui, et qu'aucun vrai dévot ne se trouve aujourd'hui ? Laissez aux libertins ces sottes conséquences ; démêlez la vertu d'avec ses apparences, ne hasardez jamais votre estime trop tôt, et soyez pour cela dans le milieu qu'il faut : gardez-vous, s'il se peut, d'honorer l'imposture, mais au vrai zèle aussi n'allez pas faire injure ; et s'il vous faut tomber dans une extrémité, péchez plutôt encor de cet autre côté.

뭐라고요? 한 사기꾼이 엄숙한 표정으로 대담하게 당신을 속였다고 해서, 이제 어디서나 사람들이 그처럼 행동해야 한다고 생각하고, 오늘날 진정한 신앙인이 하나도 없다고 생각하나요? 방탕자들에게 그런 어리석은 결론을 맡기세요. 미덕과 그 외양을 구별하고, 절대로 당신의 존경을 너무 쉽게 쏟지 마세요. 그리고 그 때문에 적당한 중도를 지키세요: 가능하다면 사기를 존경하지 않도록 하되, 진정한 열정에 대해서도 모욕을 주지 않도록 하세요. 만약 극단에 빠져야 한다면, 오히려 다른 극단으로 빠지는 것이 나을 수도 있습니다.

À savoir plus)

※ 극의 마지막 부분에서 오르공이 타르튀프의 위선을 알게 되지만 이미 타르튀프가 오르공의 재산을 가로챈 후였다.
이때 몰리에르는 왕의 사자를 등장시켜 모든 문제를 해결한다.
이런 연극 무대 기법인 '데우스 엑스 마키나 Deus ex machina'에 대해 조사하고 설명하기.

5) 보왈로 (Boileau)

보왈로는 1636년 파리에서 태어나 1711년 파리에서 사망한다.

고전주의 문학의 2대 원칙은 데카르트 철학에서 나온 이성 존중과 고대 작품에서 오는 미에 대한 취미이다. 보왈로는 『시학』을 통해 고전 문학의 미학을 확립함으로써 프랑스 문학의 황금시대를 대변하는 이론가로 활약한다.

1676년에서 1714년 사이에 신구논쟁(La Querelle des anciens et des modernes)이 발생하는데 그 시작은 개선문의 비명을 라틴어로 하느냐 프랑스어로 하느냐는 사소한 문제에서 시작된다.

보왈로, 라퐁텐느와 같은 구파는 문학의 진실과 원천은 고대에서 찾아야 한다며 라틴어를 사용할 것을 주장한다. 반면에 코르네이유와 페로가 속한 신파는 근대는 과거보다 앞섰고 그 스스로의 발견으로 근대인이 고대인보다 우위에 속하다고 주장한다. 페늘롱과 퐁트넬 같은 중도파 역시 존재하며 고대 문학은 인간의 족적에 큰 업적을 남겼지만, 절대적인 가치는 아니라는 중도적인 의견을 내세운다. 그 결과는 비평 정신의 승리로 대중은 더 이상 고대에 전과 같은 환호를 보내지 않게 되었고 고전주의 이론이 흔들리는 계기가 된다.

저명한 불문학자인 랑송은 고전주의를 미에 대한 취미와 이성에 대한 취미로 정의하며 신구논쟁의 구파는 과거로 향한 자세를 보여주지만,

후자는 미래로 향해 있는데 여기서 신파인 근대파의 승리는 18세기 합리주의의 길을 여는 초석이 됐다고 강조한다.

À savoir plus)

※ 다음 보왈로의 명문장들을 큰 소리로 읽어보기.

-"Ce que l'on conçoit bien s'énonce clairement
Et les mots pour le dire arrivent aisément"

-"Aimez qu'on vous conseille et non pas qu'on vous loue"

-"Pour définir les unités de la tragédie : Qu'en lieu, qu'en un jour, un seul fait accompli Tienne jusqu'à la fin le théâtre rempli."

※ 아리스토텔레스의 『시학』, 호라티우스의 『시학』, 보왈로의 『시학』에 대해 조사하고 각각의 의미와 관계성 설명하기.

6) 라퐁텐느 (La Fontaine)

라퐁테느는 1621년 샹파뉴에서 태어나 1695년 파리에서 사망한다. 그는 프랑스 사람들이 초등학생 때부터 애독하는 233편의 우화시를 남긴다. 라퐁텐느는『우화시 *Les Fables*』를 30년 동안 3회에 걸쳐 간행한다. 특히 제1부는『라퐁텐느에 의해 운문화된 이솝Aisopos 우화』이라는 제목으로 이솝류의 교훈적인 우화들인 "매미와 개미", "까마귀와 여우", "이리와 개"등이 실렸다.

『우화시』의 교훈은 남의 행복을 깨뜨림 없이 자신의 행복을 추구하는 신사의 도덕이다. 근면, 신중, 절약, 협조 등의 평범한 미덕을 내세우며 교훈으로 가르친다. 라퐁텐느는 또한 몽테뉴, 볼테르로 이어지는 비종교적, 자유 사상적인 전통을 대표하고 있다.

Le corbeau et le Renard

Maître Corbeau, sur un arbre perché,
Tenait en son bec un fromage.
Maître Renard, par l'odeur alléché,
Lui tint à peu près ce langage:
Hé! bonjour, Monsieur du Corbeau,
Que vous êtes joli! que vous me semblez beau!
sans mentir, si votre ramage

Se rapporte à votre plumage,
Vous êtes le phénix des hôtes de ce bois.
A ces mots le Corbeau ne se sent pas de joie;
Et pour montrer sa belle voix,
Il ouvre un large bec, laisse tomber sa proie.
Le renard s'en saisit, et dit: -Mon bon monsieur,
Apprenez que tout flatteur
Vit au dépens de celui qui l'écoute:
Cette leçon vaut bien un fromage, sans doute.
Le Corbeau, honteux et confus,
Jura, mais un peu tard, qu'on ne l'y prendrait plus.

까마귀와 여우

까마귀 선생님, 나무 위에 앉아,
부리에는 치즈 한 조각을 물고 있었습니다.
여우 선생님은 그 냄새에 이끌려,
이렇게 말을 건넸습니다:
'안녕하세요, 까마귀 선생님,
정말 멋지시네요! 정말 아름다우십니다!
거짓말이 아니라, 만약 당신의 노래가
당신의 깃털에 어울린다면,
당신은 이 숲의 불사조입니다.'
이 말에 까마귀는 기쁨을 감추지 못하고,
자신의 아름다운 목소리를 자랑하려고,
크게 입을 벌리며 치즈를 떨어뜨렸습니다.
여우는 그것을 빠르게 챙기며 말했습니다:
'선생님, 알아두세요, 모든 아첨꾼은
듣는 사람의 비용으로 살지요.

이 교훈은 치즈 한 조각보다 값지지 않습니다.'
까마귀는 부끄럽고 혼란스러워하며,
조금 늦게나마 다짐했습니다,
'다시는 이렇게 당하지 않겠다.'

À savoir plus)

※ 이 우화시에서 찾은 교훈에 대해 토의하기.

※ 이솝 우화와 라퐁테느의 우화를 비교하고 가장 좋아하는 우화 소개하기.

7) 마담 드 라파예트 (Madame de la Fayette)

라파예트 부인은 1634년 파리에서 태어나 1693년 파리에서 사망한다. 공병 장교인 아버지와 공작부인의 시녀였던 어머니 덕분에 어린 시절 학식 높은 인사들과 교류하는 환경에서 자란다. 1650년에는 안 도트리슈 왕비의 시녀가 되어 학식을 넓히고 사교계를 냉정히 관찰하는 기회를 얻는다.

1678년에 익명으로 발표한 『클레브 공작부인 *La Princesse de Clèves*』은 그녀의 대표작이자 프랑스 심리 소설의 원천으로 꼽히는 작품이다. 이 작품은 단순한 궁정 연애소설이 아니라 전장에서 벌어지는 전투와 전략, 심리전을 생생하게 묘사하고 있는 작품이다. 궁정의 권력 암투를 치밀한 배경으로 사용한다.

『클레브 공작부인』은 세밀한 관찰과 섬세한 심리 해부, 묘사의 묘미 등에 의해 분석 소설의 원조로 불린다. 명예 앞에 사랑을 굴복시키는 점에서는 코르네이유 비극의 소설화라고 할 수 있으나 동시에 코르네이유에게는 없는 따뜻함과 부드러움이 깃들어 있다. 심리적 통찰과 간소한 형식이 결합한 작품은 최초의 프랑스 심리 소설 중 하나이다.

『클레브 공작부인』 줄거리: 앙리 2세의 화려한 궁전에서 16세의 아름다운 샤르트르 양은 어머니의 권유로 클레브 공작을 만나 애정없는 결혼을 한다. 공작부인이 된 샤르트르는 루브르 궁전에서 열린 무도회에서 느무르 공작을 만나 사랑을 느낀다.

클레브 공작부인은 병상에 있는 어머니에게 자신의 마음을 털어놓지만 어머니는 아내로서의 의무를 다할 것을 당부하고는 세상을 떠난다. 공작부인은 정열에 넘어갈지 두려워 남편에게 고백하지만 상대가 누구인지는 이야기하지 않는다. 클레브 공작은 그 상대가 느무르 공작이라고 의심하고 아내의 부정을 오해해 병석에 눕게 되고 세상을 떠난다.

클레브 공작부인과 느무르 공작은 서로 사랑함을 인정하지만, 공작부인은 그와의 결혼을 거부하고 수녀원으로 들어간다.

Extrait de la *Princesse de Clèves*

Les femmes jugent d'ordinaire de la passion qu'on a pour elles, continua-t-il, par le soin qu'on prend de leur plaire et de les chercher ; mais ce n'est pas une chose difficile pour peu qu'elles soient aimables ; ce qui est difficile, c'est de ne s'abandonner pas au plaisir de les suivre ; c'est de les éviter, par la peur de laisser paraître au public, et quasi à elles-mêmes, les sentiments que l'on a pour elles.

여자들은 보통 자신에게 보내는 열정을 판단할 때, 자신을 기쁘게 하고, 자주 찾으려는 노력으로 판단한다고 그는 계속 말했다. 하지만 그것은 그리 어려운 일은 아니다, 그들이 매력적이라면 말이다. 어려운 것은 그들을 따르는 즐거움에 빠지지 않는 것이다. 그것은 그들을 피하는 것이다. 사람들 앞에서, 그리고 거의 자신들 앞에서도, 그들에게 가진 감정을 드러낼까 봐 두려워하는 것이다.

À savoir plus)

※ 위 문장은 사랑을 표현하는 것과 그 감정을 숨기는 것에 대한 어려움을 다루고 있다. 자기감정을 제어하려는 노력과 사회적 시선에 대한 고민에 관하여 생각해 보고 토의하기.

※ 이 작품을 코르네이유 연극의 소설화라고 하는 이유는 무엇 때문이라고 생각하는가?

18세기 프랑스 문학

La Littérature française–XVIIIe siècle

(1) 계몽주의 시대 (Siècle des Lumières)

1) 몽테스키외 (Montesquieu)

2) 볼테르 (Voltaire)

3) 드니 디드로 (Denis Diderot)와 백과사전

4) 장-자크 루소 (Jean-Jacques Rousseau)

5) 마리보 (Marivaux)

6) 드 라클로 (Pierre-Chodelos de Laclos)

7) 보마르셰 (Beaumarchais)

18세기 프랑스 문학
(La Littérature française–XVIIIe siècle)

(1) 계몽주의 시대 (Siècle des Lumières)

일명 계몽주의 시대라 불리는 18세기는 절대군주정치를 상징하는 구제도(Ancien régime)가 무너지고 프랑스 대혁명이 준비된 시기이다. 먼저 왕권의 쇠퇴가 시작된다. 절대주의 군주의 화신인 루이 14세의 통치 말년에 이르면 절대 왕정의 권력과 사치에 대한 피로가 쌓인다. 루이 15세는 민심을 어루만지는 대신 개인적 쾌락에 치중하며 무절제한 낭비를 통해 재정적 적자를 가져온다. 잦은 전쟁과 전쟁 재화 충당으로 인해 국민은 빈곤해지며 국가 권위는 실추되고, 인도와 캐나다를 상실한다.

이 시기에는 로크(Locke)와 같은 영국의 경험론자가 프랑스 철학가들에게 영향을 끼쳐서 실증적 취미를 갖게 하며 계몽사상이 형성되는데 일조한다. 계몽주의 사상의 특징으로는 과학의 권위가 종교의 권위에 대치되며 과감한 철학적 비판의 기운을 들 수 있다. 외국의 풍습과 제도에 대한 호기심이 강해 외국 여행이 급증했으며 몽테스키외나 볼테르는 영국에 머물면서 얻게 된 경험은 이후 프랑스의 정치사상과 사회사상에 많은 영향을 준다.

문학적으로도 쇄신을 추구한 시대로 볼테르는 사법의 폐단과 종교에 대한 맹목적인 추종을 끊임없이 비난한다. 디드로는 이성과 과학의 이름으로『백과사전』을 출판한다. 과감하게 사회 비판을 하던 자들도 문학적으로는 고전주의 전통에 충실한 18세기 전반부에 비해 점차 18세기 후반부로 갈수록 전통에 대한 맹신과의 싸움을 공통점으로 쇄신을 요구한다.

계몽주의 시대에는 외국 문학 작품을 열렬히 환영하는데 특히 영국의 리처드슨의 소설과 독일 괴테의『젊은 베르테르의 슬픔』이 큰 인기를 얻는다.

18세기의 사회 풍습은 왕권의 변화와 더불어 새로운 변화를 불러온다. 왕권의 쇠퇴로 인한 사회생활의 중심이 베르사이유 궁전에서 살롱으로 옮겨진 것이 큰 변화라고 할 수 있다. 귀족적이고 의례적이었던 17세기의 살롱에 반해 신사상의 보급에 따라 지성의 권위가 신분의 권위를 대치하기에 이른다.

경제적 번창으로 새로운 집합소인 중이층 클럽(Club de l'Entresol)이나 카페(Café)가 나타나기 시작한다. 새로운 사교의 장(場)에서는 문학, 예술, 도덕뿐 아니라 과학, 정치, 사상 등 여러 가지 문제를 중심으로 활발한 대화와 토론이 펼쳐진다. 루이 14세 말기의 음침하고 엄격했던 분위기에 대한 반동으로 루이 15세 치하에서는 쾌락과 사치, 노름과 연극에 대한 열기가 유행병처럼 번진다.

살롱 문화의 번성으로 장식적 화려함과 남성적 이미지로 외부 건축을 대표하는 바로크와 달리 장식용 조개껍질 모양의 인조 돌인 로카이유(Rocaille)에서 유래한 용어인 로코코(Rococo)는 다양한 곡선을 사용하며 사치스럽고 여성적인 이미지로 실내장식에 치중한다.

또한 기독교를 부정하는 종교적 태도와 제한 없는 육체적 쾌락을 추구하는 리베르티나주(libertinage)가 등장한다. 무신론적 자유사상과 자유로운 방랑을 바탕으로 하는 사드 후작(Marquis de Sade, 1740~1814)의 리베르탱 소설(roman libertin)은 금기를 표방하며 논란을 일으킨다.

프랑수아 부셰, 〈마담 드 퐁파두르 초상〉, 1750, 스코틀랜드 국립미술관

À savoir plus)

※ 루이 15세의 공식 정부였던 마담 드 퐁파두르(Madame de Pompadour)를 조사하고, 그녀가 유행시킨 복식과 로코코 양식에 대해 토의하기.

※ 18세기 프랑스 사회에서 문학과 철학이 프랑스 대혁명에 미친 영향을 조사하고 발표하기.

1) 몽테스키외 (Montesquieu)

몽테스키외는 1689년 보르도 근처 라브레드 성에서 태어나 1755년 파리에서 사망한다. 전통 있는 보르도 지방의 귀족 자제였던 몽테스키외는 보르도 대학과 파리 대학에서 법학을 공부한다. 아버지의 사망 후 귀향한 몽테스키외는 보르도 법원 판사가 되고, 삼촌의 사망 후에는 보르도 고등법원장이 된다. 서른이 안 된 젊은 나이에 직위, 재산, 학식, 명성을 고루 갖춘 몽테스키외는 판사라는 직업에 큰 열정을 가지지는 않은 것 같으며 당시 이국취미가 유행이었던 만큼, 여행을 좋아한다. 여행 애호가였던 몽테스키외는 오스트리아, 헝가리, 프러시아, 네덜란드, 영국 등 외국을 여행하며 그 나라의 풍습을 연구한다.

몽테스키외는 그의 대표작인 『페르시아인의 편지 *Lettres persanes*』(1721)를 통해 프랑스의 풍습과 제도를 대담하고도 재치 있게 비판한다. 익명으로 출간된 편지 형식의 이 책은 발간되자마자 "빵처럼 팔렸다."는 표현이 생길 정도로 큰 성공을 거둔다. 몽테스키외는 위스벡과 리카라는 두 페르시아인이 프랑스 각지를 여행하며 느낀 점을 페르시아와 비교하며 절대 군주 정치 체제, 가톨릭의 교리, 삼부 회의, 아카데미 프랑세즈, 대학 등 프랑스의 제도와 관습의 모순을 풍자하고 비판한다.

『법의 정신 *De l'Esprit des lois*』(1748)을 통해서는 인류 역사에서 법률뿐만 아니라 역사적, 지리적인 여러 조건을 고찰하고 정치체제와 풍습을 비교 연구한다. 백성을 두려움으로 통치하면 독재가 되고 명예로 통치한다면 군주제가 되며 미덕으로 통치하고자 하면 공화제의 체제를 이룬다고 설명한다. 몽테스키외는 여러 정치체제의 점과 단점을 논하면서 당시 프랑스에는 절제된 군주제인 입헌군주제가 가장 적합한 체제라고 주장한다.

몽테스키외는 현재 우리가 잘 알고 있는 삼권 분립의 정부 형태를 분류한 정치철학자이다. 그에 의하면 최대한의 정치적 자유를 보장하기 위해서는 삼권 분립이 필요하며, 정치권력을 입법권과 사법권, 행정권으로 나누어 견제와 균형을 추구해야 한다고 주장한다.

Extrait des *Lettres persanes* :

Les français ne parlent presque jamais de leurs femmes, c'est qu'ils on peur d'en parler avec des gens qui les connaissent mieux qu'eux.

프랑스인들은 아내에 대해 거의 이야기하지 않습니다. 왜냐하면 자신보다 아내를 더 잘 아는 사람들과 아내에 대해 이야기하는 것을 두려워하기 때문입니다.

À savoir plus)

※ 몽테스키외의 풍자적인 글쓰기가 단순히 유머나 비판에 그치지 않고, 어떻게 인간의 본성과 사회적 제도에 대한 깊은 통찰을 전달하는지 토의하기

2) 볼테르 (Voltaire)

볼테르는 1694년 파리에서 태어나 1778년 파리에서 사망한다. 그는 시, 극, 역사, 철학, 소설 등 모든 부분에서 맹활약한 18세기 문학을 가장 잘 대표하는 문학가라고 할 수 있다.

볼테르는 '칼라스 사건 l'affaire Calas'(1762)을 통해 종교적 맹신을 폭로하며 『톨레랑스에 관한 연구 *le traité sur la tolérance*』(1763)를 발표한다. 칼라스 사건은 18세기의 중요한 종교적 박해 사건으로 개신교 신자인 장 칼라스가 가톨릭으로 개종하려던 아들을 죽였다는 혐의로 재판을 받게 된 사건이다. 장 칼라스는 죽을 때까지 무죄를 주장하지만, 당시 가톨릭의 편견과 여론으로 공정한 재판을 받지 못하고 처형당한다. 당시 이 사건은 종교적 불관용과 불의한 사법적 판결로 프랑스 사회에 큰 충격을 안겨준다. 볼테르는 종교적 불관용과 불공정한 사법 시스템에 맞서서 톨레랑스에 대한 투쟁을 전개한다. 이후 억울하게 사망한 장 칼라스는 무죄를 인정받고 그 가족은 명예를 회복한다.

또한 볼테르는 자신을 평민 출신이라 비웃던 불량 귀족인 로앙-샤보와의 결투 사건으로 투옥당하고, 영국으로 망명 조건으로 풀려난다. 구체제하 계급 사회의 모습을 대표적으로 보여주는 이 사건은 볼테르에게 굴욕을 안겨주지만, 영국에서의 망명 생활은 입헌군주제라는 영국의 정치체제를 연구하는 좋은 계기가 된다. 볼테르는 영국에서 정치적, 종교적, 사상적 자유, 언론의 자유 등 많은 것을 배우고 무한한 사상의 자유가 국가 제도를 파괴하기보다 오히려 번창에 기여하고 인간 생활을 개선한다고 생각하기에 이른다. 그의 영국에서의 경험을 바탕으로 저술된 『영국 서간 또는 철학 서간 *Lettres philosophiques*』(1734)은 프랑스 구제도를 향해 던져진 첫 번째 폭탄이 된다.

훗날 볼테르는 페르네(Ferney)의 장로라고 불리며 말년을 보낸 페르네에서 신앙의 자유, 조세의 균등, 법전 개정, 고문 제도 폐지, 매관매직 폐지 등을 주장하며 모든 부정부패와의 싸움을 이어가며 전 유럽에서 추앙받는 말년을 보낸다.

그의 대표작으로는 『자디그 *Zadig*』(1747)와 『캉디드 Candide』(1759)와 같은 철학 콩트(Les contes philosophiques)를 들 수 있다.

『자디그』의 줄거리: 바빌론의 현자 자디그가 그의 지혜와 덕행으로써 온갖 불우한 현실과 싸워 이긴 후에 왕이 되어 백성을 정의와 사랑으로 다스리고 지상의 가장 아름다운 시대를 이룬다는 이야기이다. 당대 사회의 병폐와 종교의 맹신을 풍자하며 또 신의 섭리를 부정하고 인류 자신의 이성과 진보를 주창한다.

『캉디드』의 줄거리: 낙천주의자에게 교육을 받은 캉디드는 현재를 최선의 세계라고 믿고 있지만 사랑 때문에 왕국에서 추방된 후에 여러 나라를 거치면서 박해와 환멸로 고민하며 방랑하던 중, 인간의 교활과 기만과 어리석음을 깨닫는다. 세상은 참으로 불행과 악으로 가득 차 있다. 그러나 "모든 것은 되는 대로 되어가는 것인즉, 하늘이 우리를 도와주기를 기다리는 동안, 우리들은 우리의 밭을 갈아야만 한다. cultiver notre jardin", 즉 인간은 인간 사회의 진보와 개량을 위하여 일함으로써 만족하자고 주장한다.

Extrait de *Candide*

« Il est démontré, disait-il, que les choses ne peuvent être autrement : car, tout étant fait pour une fin, tout est nécessairement pour la meilleure fin. Remarquez bien que les nez ont été faits pour porter des lunettes, aussi avons-nous des lunettes. Les jambes sont visiblement instituées pour être chaussées, et nous avons des chausses. Les pierres ont été formées pour être taillées, et pour en faire des châteaux, aussi monseigneur a un très beau château ; le plus grand baron de la province doit être le mieux logé ; et, les cochons étant faits pour être mangés, nous mangeons du porc toute l'année : par conséquent, ceux qui ont avancé que tout est bien ont dit une sottise ; il fallait dire que tout est au mieux. »
Candide écoutait attentivement, et croyait innocemment ; car il trouvait Mlle Cunégonde extrêmement belle, quoiqu'il ne prît jamais la hardiesse de le lui dire. Il concluait qu'après le bonheur d'être né baron de Thunder-ten-tronckh, le second degré de bonheur était d'être Mlle Cunégonde ; le troisième, de la voir tous les jours ; et le quatrième, d'entendre maître Pangloss, le plus grand philosophe de la province, et par conséquent de toute la terre.

"모든 것이 다른 방식으로 될 수 없다는 것이 입증되었습니다, 라고 그는 말했다. 모든 것이 목적을 위해 만들어졌으므로, 모든 것은 반드시 최선의 목적을 위한 것입니다. 잘 생각해 보세요, 코는 안경을 쓰기 위해 만들어졌고, 그래서 우리는 안경을 가지고 있습니다. 다리는 분명히 신발을 신기 위해 만들어졌고, 그래서 우리는 신발을 신고 있습니다. 돌은 잘라서 성을 만들기 위해 만들어졌고, 그래서 제후님은 아주 아름다운 성을 가지고 있습니다. 그 지방에서 가장 큰 귀족이 가장 좋은 집에 살아야 합니다. 그리고 돼지는 먹기 위해 만들어졌으므로 우리는 일 년 내내 돼지고기를 먹습니다. 그러므로 '모든 것이 잘 되었다'고 말한 사람들은 어리석은 말을 한 것입니다. '모든 것이 최선이다'라고 말했어야 했습니다."

캉디드는 주의 깊게 듣고 순진하게 믿었습니다. 왜냐하면 그는 귀네공드가 매우 아름답다고 생각했지만, 결코 그것을 그녀에게 말할 용기는 내지 못했습니다. 그는 썬더텐트론크의 남작으로 태어난 행복을 제외하면, 두 번째 행복은 귀네공드를 만나는 것이라고 결론지었고, 세 번째는 그녀를 매일 보는 것이며, 네 번째는 팡클로스 교수를 듣는 것, 그가 그 지방에서 가장 위대한 철학자이고, 따라서 전 세계에서 가장 위대한 철학자라는 것이었습니다.

À savoir plus)

※ 위 발체문은 팡클로스 교수의 비이성적인 낙관주의와 캉디드가 그를 신뢰하는 순진함을 보여주는 대목이다. 그러나 캉디드가 책의 말미에서 "정원에 사과나무를 심겠다"는 표현은 실용적이고 현실적인 삶을 살겠다는 깨달음으로 "모든 것이 최선이다"는 식의 낙관주의 철학에 대한 풍자라고 할 수 있다. 캉디드와 같이 자신의 삶을 구체적인 행동으로 변화시킨다는 것은 어떤 일인지에 대해 성찰하기.

3) 드니 디드로(Denis Diderot)와 백과사전

디드로는 1713년 랑그르에서 태어나 1874년 예카테리나 여제가 마련해 준 프랑스의 리슐리유 저택에서 사망한다. 그의 아버지는 칼을 제조하는 장인이었고, 어린 시절에는 예수회에서 사제가 되는 준비를 한다. 그러나 15세에 파리에 가 교육을 받으면서 신앙심을 잃고 파리 대학에서 문학과 법학을 공부한 후, 1734년부터 작가의 길을 간다. 그러다가 1746년 영국 체임버즈『백과사전』의 번역을 의뢰받는다.

이에 디드로는 아예 더욱더 방대한 새로운 사전의 편찬을 고안, 몽테스키외, 볼테르, 루소, 달랑베르와 같은 당대의 일류 문학가, 사상가, 과학자들의 협력을 얻어『백과사전 l'Encyclopédie』의 제작에 착수한다.

디드로의『백과사전』집필은 권력과 철학자들 사이 부생의 역사로도 기록된다. 1751년 1권을 완성하지만 1752년 교황청으로부터 금서로 지정되어, 금지와 재발행을 반복하다 1772년에서야 완성된다. 당시 생물학과 화학의 발전으로 디드로는 세상 모든 것의 실체는 물질이라는 유물론에 근거해서 무신론을 주장하며 종교와 교회의 비이성적 행동들을 비난한다.

『백과사전』의 대성공은 곧 철학 정신의 승리이며 이것은 곧 인류 사회의 진보에 대한 신뢰가 확립된 것으로 파악할 수 있다.『백과사전』안에는 반종교적, 반전제적 정신이 결집되어 있다. 낡은 편견과 인습을 타파하고 일반 민중의 사고를 변혁시키고자 하는 목적을 잘 드러내며 프랑스 대혁명을 촉발하는 데 큰 역할을 한다.

극작가, 소설가, 미술평론가로도 저명한 디드로의 대표 작품으로는 『백과사전』외에도 『라모의 조카 *Le Neveu de rameau*』(1761), 『운명론자 자크 *Jacques le fataliste*』(1771) 등이 있다.

À savoir plus)

※ 디드로는 신화나 성격 속 이야기가 아닌 평범한 부르주아 가정의 이야기를 희극도 비극도 아닌 새로운 장르인 '드라마'를 통해 보여준다. 그가 개척한 부르주아 드라마와 '제 4의 벽'에 대해 알아보고 발표하기.

※ '디드로 효과'란 무엇을 가리키며 '디드로 효과'를 활용한 마케팅의 예를 찾아 발표하기.

4) 장-자크 루소 (Jean-Jacques Rousseau)

루소는 1712년 쥬네브에서 태어나 1778년 파리 근처 에르므농빌에서 사망한다. 루소는 사회의 발전이 인간의 행복을 가져온다고 보는 계몽주의자들과는 달리 당시의 풍습을 비난하고 자연과 일치하는 철학과 윤리를 주장한다. 그는 사회에서의 상태(사회의 악)보다 자연에서의 상태(인간의 근본적인 선)가 더 우월하다고 피력한다.

대표작품으로는 사회, 정치체제에 관한 논문들과 자서전적 작품들이 있다. 우선『학문과 예술에 관한 연구 *Discours sur les sciences et les arts*』(1750)를 꼽을 수 있는데 이 작품에서는 학문 및 예술의 진보가 인간을 타락시킨다고 주장한다.

『인간 불평등 기원 *Discours sur l'origine de l'inégalité*』(1755)은 디종 아카데미 2회 현상에 응모한 논문으로 너무 대담한 내용으로 인해 당선되지 못한다. 자연 상태에서는 선량하고 행복했던 인간이 사회 속에서 타락하고 불행해진다는 내용을 담고 있다.

루소는『사회계약론 *Du contrat social*』(1762)에서 전제정치를 배척하고 민주적 공화 체제가 인간의 본질에 가장 적합한 자연적인 정치형태라는 것을 논증한다. 인간은 원래 자유, 평등하다는 것, 인권은 인간인 이상 양보할 수 없다는 것, 주권은 국민에게 있다는 것, 올바른 정치란 바로 일반

의지의 표현이라는 것 등 근대 시민의 정치적 상식으로 되어 있는 관념을 확립한다. 루소가 『사회계약론』에서 피력한 사상은 미국의 독립선언문이나 프랑스혁명의 인권선언에 큰 영향을 끼쳤으며 근대 민주주의 이론의 근본이 된다.

또한 루소는 『새로운 엘로이즈 *La Nouvelle Héloïse*』(1761)를 통해 줄리 데탕쥬라는 귀족의 딸과 가난한 서민 출신의 가정교사인 생프뢰의 연애를 서간체 연애소설로 보여준다. 『에밀 *Émile ou De l'Education*』(1762)을 통해서는 어린아이에게 기성관념을 주지 않고 개성을 존중하며 자연적 자유를 보장해 주고 정신적 자유를 촉진해야 한다는 교육이념을 펼친다.

『고백Les Confessions』(1765-1770)은 최초의 고백문학으로 낭만주의 문학의 원류로 평가받으며, 자연 풍경과 일상생활의 자세한 묘사가 돋보이는 작품이다. 『고독한 산책자의 명상 *Les Rêveries du promeneur solitaire*』(1777-1778)은 루소의 사상과 심정의 가장 주관적인 고백이라고 할 수 있다. 자연에 대한 서정적 감정, 문체의 음악적 아름다움으로 산문시다운 매력을 가감 없이 보여주며 다가올 낭만주의를 예고하는 작품이다.

Extrait de *La Nouvelle Héloïse*

Le travail de la campagne est agréable à considérer, et n'a rien d'assez pénible en lui-même pour émouvoir à compassion. L'objet de l'utilité publique et privée le rend intéressant: et puis, c'est la première vocation de l'homme; il rapelle à l'esprit une idée agréable, et au coeur tous les charmes de l'âge d'or.

L'imagination ne reste point froide à l'aspect du labourage et des moissons. La simplicité de la vie pastorale et champêtre a toujours 벼디 볃 chose qui touche. Qu'on regarde le prés couverts de gens qui fanent et chantent et es troupeaux épars dans l'éloignements; insensiblement on se sent attendrir sans savoir pourquoi. Ainsi quelquesfois encore la voix de la nature amollit nos coeurs farouches; et, quoiqu'on l'entende avec un regret inutile, elle est si douce qu'on ne l'entend jamais sans plaisir.

농촌의 일은 보는데 즐겁고, 그것 자체로서 연민을 일으킬 만한 어려운 일이 없다. 공공과 개인의 유용성이라는 목적이 그것을 흥미롭게 만든다. 그리고 그것은 인간의 첫 번째 직업이다. 그것은 마음에 기분 좋은 생각을 떠올리게 하고, 심지어 금빛 시대의 모든 매력을 가슴에 불러일으킨다.
상상력은 농사일과 수확을 볼 때 차가운 반응을 보이지 않는다. 목가적이고 시골적인 삶의 단순함은 언제나 무엇인가를 감동적으로 만든다. 풀밭에서 사람들이 건초를 베며 노래하는 모습이나, 멀리 흩어져 있는 가축들을 바라보면, 우리는 이유를 알지 못한 채 점점 더 마음이 따뜻해진다. 이처럼 때때로 자연의 목소리는 우리의 거친 마음을 부드럽게 만들며, 비록 그것을 들을 때 불필요한 후회를 느낀다 해도, 그 소리는 너무나 달콤해서 절대 기쁘지 않게 들을 수 없다.

À savoir plus)

※ 루소가 말하는 '자연 상태'와 '문명화된 사회'의 차이점에 관해 연구하고, 루소가 생각하는 인간 본성을 주제로 토의하기.

5) 마리보 (Marivaux)

마리보는 1688년 파리에서 태어나 1763년 파리에서 사망한다. 변호사였으며 총명한 재치와 우아한 인품을 갖춘 사교계의 총아로 데뷔한다. 파산으로 경제적 곤궁에 빠진 이후 생활비를 벌기 위해 글을 쓰기 시작한다.

『사랑과 우연의 장난 *Le jeu de l'amour et du hasard*』(1730)이란 연애 희곡으로 성공을 거두었으며, 이후 십여 년에 걸쳐 출판된 『마리안느의 일생 *La vie de Marianne*』(1731-1942) 역시 대중에게 큰 사랑을 받는다. 마리보는 인간 심리, 연애 심리의 분석에 탁월함을 보여주며, 특히 여성의 연애 심리 묘사에 뛰어난 재능을 보여준다. 마리보의 이름에서 마리보다쥬(Marivaudage)라는 용어가 유래하며 이는 우아하고 세련된 그러나 지나치게 기교적인 마리보의 문체를 일컫는다. 철학자들의 시대인 18세기에는 상대적으로 그 영향력이 적었으나 19세기 낭만주의 시대가 도래하면서 새롭게 주목받는다.

Extrait du *jeu de l'amour et du hasard*

Silvia – Oui, Tersandre ! il venait l'autre jour de s'emporter contre sa femme ; j'arrive, on m'annonce, je vois un homme qui vient à moi les bras ouverts, d'un air serein, dégagé, vous auriez dit qu'il sortait de la conversation la plus badine ; sa bouche et ses yeux riaient encore ; Le fourbe ! Voilà ce que c'est que les hommes. Qui est-ce qui croit que sa femme est à plaindre avec lui ? je la trouvai toute abattue, le teint plombé, avec des yeux qui venaient de pleurer, je la trouvai comme je serai peut-être , voilà mon portrait à venir ; je vais du moins risquer d'en être une copie. Elle me fit pitié ? Lisette ; si j'allais te faire pitié aussi ; Cela est terrible, qu'en dis-tu ? Songe à ce que c'est qu'un mari.

Lisette.- Un mari ? c'est un mari ; vous ne deviez pas finir par ce mot-là , il me raccommode avec tout le reste.

실비아 - 그래, 테르상드르! 며칠 전에 그가 아내에게 화를 냈었지. 내가 도착했을 때, 누군가가 나를 알리더니, 그가 나에게 팔을 벌리고 다가왔어, 아주 평온하고, 여유롭게, 마치 가장 가벼운 대화를 끝낸 사람처럼. 그의 입과 눈은 여전히 웃고 있었어. 그 교활한 자! 이게 바로 남자들이란 거야. 누가 그가 아내와 함께 있으면 그녀가 불쌍하다고 생각하겠어? 나는 그녀를 보았을 때 완전히 지쳐 있었고, 얼굴은 창백하고, 눈은 방금 울었던 것처럼 보였어. 나는 그녀가 마치 내가 될 모습처럼 보였어, 내 미래의 초상이었지. 나는 적어도 그 모습을 그대로 따라할 위험을 감수할 거야. 그녀가 나에게 동정을 불러일으켰다고? 리제트, 네가 나에게도 동정을 불러일으킬 수도 있겠구나. 이건 정말 끔찍해, 네 생각은 어때? 남편이 무엇인지 생각해봐.

리제트 - 남편? 남편이지. 당신은 그 말이 끝내지 말았어야 했어요, 그 말이 나머지 모든 것과 나를 화해시키게 만드네요.

6) 드 라클로 (Pierre-Chodelos de Laclos)

드 라클로는 1741년 아미엥에서 태어나 1803년 이탈리아의 탈랑트에서 사망한다. 군인이었으며 그의 대표작인 『위험한 관계 *les liaisons dangereuses*』(1782)는 훗날 앙드레 지드가 프랑스 10대 소설 중 하나로 꼽으며 『클레브 공작부인』과 『적과 흑』을 잇는 프랑스 심리 소설의 대표적인 작품이라고 평가한다.

175편의 편지로 구성된 서간체 소설인 『위험한 관계』는 18세기의 퇴폐한 귀족 사교계를 무대로 뫼르퇴유 후작 부인과 발몽, 투르벨 부인, 세실과 같은 등장 인물을 통해 프랑스 상류 사회의 호색적 정열과 퇴폐한 도덕, 복잡한 연애 관계를 취급하며 예리한 심리 해부를 한다. 이 작품은 인간의 어두운 본성에 대해 조명하며 특히 겉으로는 우아하고 화려한 귀족 사회의 위선과 타락한 도덕성에 대해 신랄하게 풍자한다. 또한 서간체 소설의 특성으로 각각의 등장인물의 심리와 감정이 잘 드러날 뿐만 아니라 사건의 갈등과 복잡함을 잘 보여주고 이야기의 긴장감을 높여준다. 『위험한 관계』에 등장하는 주인공들은 결국 모두 비극적 결말을 맞이함으로써 그들의 비도덕적 행동에 대한 응징을 받고 강한 교훈을 남긴다.

『위험한 관계』 줄거리: 메르퇴유 후작 부인은 남편을 여읜 부유한 귀족으로 사교계에서 높은 지위와 명성을 갖고 있다. 그러나 실상은 주위 사람을 꼭두각시처럼 조정하며 파멸로 이끌며 쾌락을 느끼는, 부패하고 이기적인 사람이다. 메르퇴유 후작부인은 자신의 전 애인이 자신을 버리고 처녀를 찾아 수녀원에 있는 세실 드 볼랑주와 결혼한다는 소식을 듣고 복수를 결심한다. 그녀는 발몽에게 자신을 보상으로 제시하며, 세실이 결혼할 때 더 이상 처녀가 아니도록 그녀를 유혹하게 한다.

발몽은 세실을 유혹하기는 너무 쉽다며 정숙하고 신앙심이 있는 여자로 알려진 투르벨 부인을 유혹해 자신의 실력을 증명하고자 한다. 발몽은 투르벨 부인을 유혹하면서 그녀를 진심으로 사랑하게 되지만 메르퇴유 후작부인과의 약속으로 투르벨 부인을 배신한다. 세실은 발몽으로 인해 타락하게 되고 사랑하던 다르신느와도 멀어지고 순수함을 잃는다. 투르벨 부인은 발몽의 배신으로 충격을 받아 사망한다.

발몽과 메르테유 부인과의 관계는 악화되고, 발몽은 다르신느와의 결투에서 치명상을 입고 사망한다. 발몽의 죽음 후 메르테유 후작부인의 음모와 계략이 폭로되어 사회적 명성을 잃고 결국 수녀원으로 들어가며 소설이 끝난다.

Extrait des *liaisons dangereuses*

Vos ordres sont charmants : votre façon de les ordonner est plus aimable encore; vous feriez chérir le despotisme. Ce n'est pas la première fois, comme vous savez, que je regrette de ne plus être votre esclave; et tout *monstre* que vous dites que je suis, je ne me rappelle jamais sans plaisir le temps où vous m'honoriez de noms plus doux. Souvent même je désire de les mériter de nouveau, et de finir par donner, avec vous, un exemple de constance au monde. Mais de plus grands intérêts nous appellent : conquérir est notre destin; il faut le suivre; peut-être au bout de la carrière nous rencontrerons-nous encore; car, soit dit sans vous fâcher, ma très belle Marquise, vous me suivez au moins d'un pas égal; et depuis que, nous séparant pour le bonheur du monde, nous prêchons la foi chacun de notre côté, il me semble que dans cette mission d'amour, vous avez fait plus de prosélytes que moi. Je connais votre zèle, votre ardente ferveur; et si ce Dieu-là nous jugeait sur nos oeuvres, vous seriez un jour la Patronne de quelque grande ville, tandis que votre ami serait au plus un saint de village, je n'en entends, je n'en parle pas d'autres; et c'est pour m'y perfectionner, que je me vois forcé de vous désobéir. (...)

당신의 명령은 정말 매력적입니다. 그것을 명령하는 당신의 방식은 더욱 더 매력적입니다. 당신은 폭정조차도 사랑받게 만들 수 있을 겁니다. 아시다시피, 저는 더 이상 당신의 노예가 아니라는 사실을 늘 아쉬워하고 있습니다. 그리고 당신이 저를 어떤 괴물이라고 말하셨다 해도, 저는 당신이 저에게 더 부드러운 이름을 붙여주던 그 시절을 언제나 기쁨으로 떠올립니다. 심지어 저는 그것을 다시 받을 자격이 있기를 바라고, 당신과 함께 세상에 끈기를 보여주는 본보기가 되고 싶기도 합니다. 하지만 더 중요한 일이 우리를 부릅니다. 정복이 우리의 운명입니다. 우리는 그 길을 따라야 합니다. 어쩌면 그 길 끝에서 다시 만날지도 모르겠습니다. 왜냐하면, 당신이 화내지 않으신다면, 제 아주 아름다운 후작 부인님, 적어도 당신은 저를 따라가고 있기 때문입니다. 그리고 우리가 세상의 행복을 위해 헤어져 각자 신앙을 전파하면서, 제가 보기에는 사랑이라는 이 사명에서 당신이 저보다 더 많은 신자를 얻으신 것 같습니다. 저는 당신의 열정, 당신의 뜨거운 열의를 압니다. 만약 그 신이 우리의 행동을 보신다면, 언젠가는 당신이 어떤 큰 도시의 수장이 될 것이고, 저는 아마도 작은 마을의 성인에 지나지 않을 것입니다. 다른 이야기는 듣지도 말고 말하지도 않겠습니다. 그리고 제가 그런 사람으로 완성되기 위해서는 당신의 명령에 어긋나는 일이 필요하다고 느끼게 됩니다. (...)

À savoir plus)

※『위험한 관계』에 등장하는 인물들의 관계도를 그림으로 작성하기.

※『위험한 관계』를 각색한 여러 영화와 TV 작품을 찾아보고 다양한 문화콘텐츠의 활용에 대해 발표하기.

※ 영화 〈위험한 관계〉(스테판 프리어스 감독, 1988)를 보고 배후 조작자(manipulateur)의 역할에 대해 토의하기.

7) 보마르세 (Beaumarchais)

보마르세는 1732년 파리에서 태어나 1799년 파리에서 사망한다. 그의 대표작으로는 『세빌리아의 이발사 *Le Barbier de Séville*』(1775), 『피가로의 결혼 *Le Mariage de Figaro*』(1781)이 있다. 보마르세는 이 두 작품을 통해서 당시 프랑스의 지배 계급과 풍습, 제도 등을 통렬히 풍자한다.

『피가로의 결혼』의 무대는 스페인의 세빌리아이지만 인물의 성격과 습성은 완전히 18세기의 프랑스를 묘사하고 있다. 알마비바 백작은 당시 귀족의 한 전형을, 백작 부인은 감상적이지만 도덕 관념을 상실하지 않은 18세기의 귀부인을 보여준다. 쉬잔느는 재기 넘치는 하녀의 한 전형을, 사환 세뤼뱅은 보마르세가 창조한 새로운 유형이며, 주인공 피가로는 프랑스 국민이 가장 애호하는 모든 특징을 가진 인물로 평가된다.

피가로는 프랑스 문학에서 유례가 없는 캐릭터이다. 하인 신분으로 주인공 귀족을 능가하는 활약을 보이는 신분이 전복되는 위상을 보여주는 캐릭터를 구현한다. 피가로가 가진 특징으로는 첫 번째, 에스프리(esprit)를 들 수 있다. 에스프리로 꾀를 내고 궁지에서 빠져나오고 특권 계급과 사회의 부정을 조소한다. 두 번째루 반항성이다. 특권이 압박에 굴복하지 않고 끝끝내 싸워 이기는 모습으로 나온다. 세 번째는 명랑함이다. 피가로는 명랑한 에스프리로 모든 사람을 폭소하게 만드는 인물이다.

『피가로의 결혼』 줄거리: 스페인의 젊은 영주인 알마비바 백작은 마드리드의 궁을 떠나 미술관에서 만난 젊은 로잔느를 좇아서 세빌리아로 온다.

후계인 바르톨로의 집에 있는 로잔느의 마음을 얻기 위해 애쓰는 알마비바 백작을 이전 그의 하인이었던 피가로가 도와준다. 『피가로의 결혼』은 알마비바와 로잔느가 결혼한 지 몇 년이 지난 후의 이야기다. 백작 성의 집사가 된 피가로는 로잔느 백작 부인의 하녀인 쉬잔느와 결혼할 예정이다. 그런데 알마비바 백작이 쉬잔느를 유혹한다. 이런 상황에서 주인과 하인의 역할이 바뀌며, 피가로는 재치 있게 상황을 해결하며 웃음을 자아낸다.

Extrait du *mariage de Figaro*

"Noblesse, fortune, un rang, des places, tout cela rend si fier ! Qu'avez-vous fait pour tant de biens ? Vous vous êtes donné la peine de naître et rien de plus."

"귀족, 재산, 지위, 자리, 이런 것들이 모두 이렇게 자랑스러움을 주는군요! 그러면 그 많은 것을 얻기 위해 무엇을 하셨나요? 태어날 수 있는 수고 외에는 아무것도 하지 않으셨잖아요."

À savoir plus)

※ 나폴레옹이 "『피가로의 결혼』, 그것은 이미 대혁명이다"라고 선언한 이유는 무엇인지 생각하고 발표하기.

19세기 프랑스 문학-1

La Littérature française–XIXe siècle-1

(1) 19세기 개관
  1) 전기 낭만주의 시대 (Préromantisme)
  2) 마담 드 스탈 (Mme de Staël)
  3) 샤토브리앙 (François-René de Chateaubriand)

(2) 낭만주의 (Romantisme)
  1) 라마르틴 (Alphonse de Lamartine)
  2) 빅토르 위고 (Victor Hugo)

(3) 낭만주의와 소설 (Le romantisme et le roman)
  1) 스탕달 (Stendhal)

(4) 사회소설 (Le roman sur le peuple)

(5) 환상소설 (Les formes du fantastique)

(6) 사실주의 소설 (Le roman réaliste)
  1) 발작 (Honoré de Balzac)

(7) 전문적 비평가의 등장, 쌩트-뵈브 (Sainte-Beuve)

19세기 프랑스문학-1
(La Littérature française–XIXe siècle-1)

(1) 19세기 개관

19세기의 키워드는 '개인의 발견'이라고 할 수 있다. 사회적인 규범이나 도덕의 실천 과정이 중심이 되고 개인의 감정과 삶은 부수적인 현상에 지나지 않던 18세기에 반해서 19세기 문학에서는 개인의 감정과 삶이 중심이 되고 사회적인 규범이이나 도덕은 그 개인의 상황을 뒷받침하는 배경으로 작용한다. 이러한 문학의 변화는 프랑스 대혁명 이후의 프랑스 사회의 변화와 함께 발생한다.

프랑스는 19세기에 일곱 차례의 정치적 변화(집정 정치 시대, 제1제정, 왕정복고, 7월 왕국, 제2공화국, 제2제정, 제3공화국)를 겪는 혼란스러운 시기를 지나게 되면서 라마르틴, 위고 등 많은 작가가 정치에 참여하게 된다.

과학 분야 역시 해왕성을 발견하고, 파스퇴르의 생화학적 작업이 펼쳐지고, 퀴리 부부의 라디움 연구 등 놀라운 발전을 한다.

산업의 발달은 눈부셨고, 증기 기관을 사용하는 기차와 배와 같은 교통 수단의 발달로 도시에서 도시로, 대륙에서 대륙으로의 이동도 자유로워진다.

점점 발달하고 팽창해 가는 도시에 새로운 사회계층이 생기고 사회 문제가 두드러지는 한편 산업화에 따른 부유한 부르주아 계층이 형성된다. 부르주아 계층은 사회적 지위가 상승되어 루이-필립 시대 이후로는 이전의 귀족 계층 대신 새롭게 사회 지배계층을 형성하게 된다.

19세기는 다양한 정치적, 역사적 사건들과 더불어 많은 천재적 문학가가 등장한 시대이므로 1부와 2부로 나누어 살펴본다.

가스파 프리드리히, 〈안개 바다 위의 방랑자〉(1818), 함부르크미술관

1) 전기 낭만주의 시대 (Préromantisme)

18세기 후반에서 1820년대를 가리켜 전기 낭만주의 시대라고 일컫는다. 영국과 독일에서 꽃을 피우기 시작한 낭만주의는 1800년경에 프랑스에서 개화한다. 낭만주의자들은 계몽주의 시대의 보편적 이성 대신 개인의 감수성을 우선시한다. 19세기 내내 열정과 절대적인 것에 대한 목마름과 불행에 대한 인식 등을 공통된 기질로 표출한다.

전기 낭만주의자들의 특징으로는 첫 번째, '세기병(le mal du siècle)'을 들 수 있다. 프랑스 대혁명 이후 추방되고 파산된 귀족 계층에서 자주 나타난 증상으로 새로운 시대의 사회로부터 거부당하고 적응하지 못한다는 감정이 커져 과거에의 향수와 절대적인 것을 염원하며 절망과 죽음에 대한 동경으로 나타난 사회적 현상이다.

두 번째는 '과거의 웅장함과 영웅주의에 대한 향수'를 꼽을 수 있다. 고전주의자들이 무시하던 중세와 기사도 및 초기 기독교에 대한 관심과 연구가 진행된다.

마지막으로 '자아 탐구'다. 이성을 강조한 계몽주의자들과 반대로 개인의 감정을 중요시하며 규칙을 강조한 고전주의에 맞서 특이하고 복합적인 자아에 맞는 표현을 탐구한다. 초기 낭만주의자(Les premiers romantiques)로는 마담 드 스탈과 샤토브리앙이 대표적이다.

2) 마담 드 스탈 (Mme de Staël)

마담 드 스탈은 1766년 파리에서 태어나 1817년 파리에서 사망한다. 마담 드 스탈의 자유주의 사상이 나폴레옹의 미움을 사서 여러 차례 추방을 당한다.

『코린느 *Corinne ou l'Italie*』(1802)와 『델핀느 *Delphine*』(1807)에서는 덕행이나 재능이 뛰어난 여성이 사회의 이해를 받지 못하고 오히려 박해받는다는 주제를 다루며 사회와 개인의 대립이라는 낭만주의 문학의 주제 중 하나를 발전시킨다.

『문학론 *De la lettérature*』과 『독일론 *De l'Allemagne*』(1810)을 통해 19세기 프랑스 비평을 혁신하며 십일지 법칙 같은 보일로의 절대주의적 문학 이론을 무너뜨린다. 대신, 작품 탄생의 역사적, 지리적, 사회적 상호관계를 밝혀 역사적, 상대적인 비평의식을 주장해 문학비평에 영향을 끼친다. 각국 문학의 상호교류를 촉진하여 코스모폴리타니즘을 구현하고자 한다.

3) 샤토브리앙 (Chateaubriand)

프랑수아-르네 샤토브리앙은 1768년 생-말로(Saint-Malo)에서 태어나 1848년 파리에서 사망한다. 브르타뉴 백작 가문의 막내아들로 태어나 젊은 시절 루소의 영향으로 무신론적 성향을 보인다. 1787년 형의 장인인 말세르브의 도움으로 루이 16세를 알현하고 사교계의 자유분방함을 즐긴다. 1791년에는 아메리카 대륙을 여행하고 1792년에 셀레스트와 결혼한다. 프랑스 대혁명이 발발하자 반혁명군에 참가했다가 영국으로 망명해 처음으로 혹독한 가난과 고통을 겪는다. 어머니의 죽음과 어린 시절 엄격한 아버지 밑에서 유일한 위로자가 되어 주었던 누이 루실의 죽음으로 인해 기독교로 다시 회심한다.

파리로 돌아온 후 1802년 나폴레옹의 보호 아래 『르네 *René*』가 수록된 『기독교의 정수 *Le Génie du Christianisme*』를 발표한다. 이 작품은 신학적 가치보다 예술성에 더 가치가 있는 작품으로 평가된다. 『기독교의 정수』의 추천사를 써 준 나폴레옹이 중용해 로마 공사로서 외교관으로 경력을 시작하지만, 곧 나폴레옹과 불화를 겪으며 평생 적대시하게 된다.

『기독교의 정수』에 수록된 『아탈라 *Atala*』와 작가의 페르소나라고 할 수 있는 『르네』는 단행본으로도 출판되어 큰 성공을 거둔다. 아메리카 대륙 서사시의 일부로 인간의 정열과 기독교와의 조화를 보여주고자 하며 이후 『나체즈족 *Les Natchez*』(1826)과 샤토브리앙의 분신이라 일컫는 르네가 나오는 작품들을 모아 르네 삼부작을 구성한다. 르네는 막연한 불안과 비애, 고독감을 느끼는 세기병 환자였다. 자존심이 강하고 고독하며 숙명적인 낭만주의 소설 주인공의 가장 대표적인 인물이기도 하다.

샤토브리앙의 또 다른 대표작인 『사후회상록 Les Mémoires d'outre-tombe〉』(1811~1841)은 작가가 사후 출판을 엄격하게 시키게 한 자서전 문학의 백미로 손꼽힌다. 대혁명 이후 격동과 불안에 찬 사회의 모습과 풍속의 생생한 기록이며, 우수에 찬 낭만적 기록으로 프랑스 문학사의 명작으로 꼽힌다.

샤토브리앙의 예술관은 "진정한 기독교는 이교보다 더 순수하고 더욱 드높은 시 세계의 원천이 된다. 신화는 자연을 좁히고, 무한에 대한 감각을 말살하고 만다."라는 주장처럼 기독교적 세계관의 우월성을 드러낸다. 하지만 그의 작품에는 기독교적 세계관뿐 아니라 루소의 제자답게 낭만주의자로서, '세기병' 환자다운 허무주의적인 분위기도 담겨 있다.

Extrait des *Mémoires d'Outre-Tombe*

Le fenêtre de mon donjon s'ouvrait sur la cour intérieure; le jour, j'avais en perspective les créneaux de la courtine opposée, où végétaient des scolopendres et croissait un prunier sauvage. Quelques martinets, qui durant l'été s'enfonçaient en criant dans les trous des murs, étaient mes seuls compagnons. La nuit, je n'apercevais qu'un petit morceau de ciel et quelques étoiles. Lorsque la lune brillait et qu'elle s'abaissait à l'occident, j'en étais averti par ses rayons, qui venaient à mon lit au travers des carreaux losangés de la fenêtre. Des chouettes, voletant d'une tour à l'autre, passant et repassant entre la lune et moi, dessinaient sur mes rideaux l'ombre mobile de leurs ailes. Relégué dans l'endroit le plus désert, à l'ouverture des galeries, ke ne perdais pas un murmure des ténèbres. Quelquefois, le vent semblait courir à pas légers; quelquefois il laissait échapper des plaintes; tout à coup ma porte était ébranlée avec violence, les souterrains poussaient des mugissements, puis ces bruits expiraient pour recommencerencore. A quatre heures du matin, la voix du maître du château, appelant le valet de chambre à l'entrée des voûtes séculaires, se faisait entendre comme la voix du dernier fantôme de la nuit.

내 성의 창문은 안뜰을 향해 열려 있었다. 낮에는 내 시야에 맞은편 성벽의 성곽들이 보였고, 그곳에는 지네들이 자라고 야생 자두나무가 자라고 있었다. 여름 동안, 벽에 있는 구멍으로 울면서 들어가는 몇 마리 제비가 나의 유일한 동료였다. 밤에는 나는 작은 하늘 조각과 몇 개의 별만을 볼 수 있었다. 달이 빛나고 서쪽으로 내려가면, 창문에 박힌 마름모꼴 유리창을 통해 내 침대까지 달빛이 스며들어 내게 그 변화를 알렸다. 부엉이들이 한 탑에서 다른 탑으로 날아다니며, 나와 달 사이를 오가며 그 날개 그림자가 내 커튼에 움직이는 그림자를 그렸다. 나는 가장 외진 곳에 갇혀, 갤러리의 입구에서 어둠 속의 속삭임을 하나도 놓치지 않았다. 가끔 바람은 가볍게 달리는 듯했으며, 때로는 한숨 소리를 내었고, 갑자기 내 문이 세게 흔들렸으며, 지하실에서 울음소리가 울려 퍼지다가 다시 그 소리가 사라지고 또 다시 반복되었다. 새벽 4시, 성의 주인이 오래된 아치형 통로 입구에서 하인에게 부르는 목소리는 마치 밤의 마지막 유령의 목소리처럼 들렸다.

À savoir plus)

※ "샤토브리앙의 작품은 납과 황금으로 되어 있는데, 황금이 훨씬 더 많다"는 나폴레옹의 말에 대해 토의하기.

※ "샤토브리앙처럼 될 것 그렇지 않다면 아무것도 아니다. Devenir Chateaubriand ou rien." 이 문장은 위고가 어린 시절 목표로 적은 유명한 문장이다. 당시 문학계에서 차지하는 샤토브리앙의 위상과 이런 위고의 목표에 대해 어떻게 생각하는지 토의하기.

※ 각자 자신의 목표에 대해 성찰하고, 그 목표 설정에 관해 이유를 설명하기.

(2) 낭만주의 (Romantisme)

1814년 제1제정이 끝나고 루이 18세가 즉위한다. 나폴레옹이 백일 천하를 꿈꾸지만 워털루 전쟁에서 패하고 결국 유배를 떠난다. 1815년부터 1830년까지 루이 18세와 샤를르 10세가 통치하는 시대를 왕정 복귀(Restauration) 시대라고 지칭한다. 이 시대는 프랑스 대혁명이 없었다는 듯이 프랑스 대혁명 이전의 시대, 즉 구체제(Ancien Régime)로의 회귀를 추구한다. 결국 1830년 7월 혁명으로 부르주아 왕이라 불리는 오를레앙가의 루이 필립이 왕으로 추대된다. 1848년 2월 혁명으로 프랑스의 정치는 제2공화국을 맞이하지만 1852년 나폴레옹의 조카인 루이 나폴레옹에 의해 제2제정이 시작된다.

낭만주의는 대략 1820년에서 1850년 사이, 즉 왕정복고 시대와 7월 왕정 시대에 전성기를 맞이한다. 낭만주의의 낭만적이란 용어는 중세의 로망(roman)에서 유래한다. 로망은 당시 표준어인 라틴어에 비해 각 지방의 방언을 의미하며 라틴어로 쓰여진 고급 문학에 비해 각 민족어로 쓴 방언의 문학을 지칭한다. 로망은 처음에는 기이함이나 가공, 환상의 의미로 쓰이다가 18세기 말에 고전주의에 대립된 문예사조로 등장하면서 로맨티시즘, 낭만주의란 용어가 사용된다.

프랑스 대혁명 이후 19세기는 부르주아가 역사의 주체로 등장하는 시대이지만 낭만주의의 정신은 부르주아지즘(bourgeoisisme)과는 정반대로 꿈이 많고 현실에 반항 또는 환멸을 느끼며 중세 시대나 먼 이국을 동경하고 주로 감성에 호소한다. 낭만주의 작품에서는 크게 자연 속의 인간, 우울한 계절로 표현된 가을, 현실 밖으로의 도피 욕구와 같은 주제를 발견할 수 있다.

고전주의 작가들이 자기 자신의 이야기보다 고대의 신화와 성서에서 주제를 찾았다면, 낭만주의 작가들은 자신의 개인적인 감정들을 즐겨 표현한다. 모든 영감의 원천을 주관적 감정에서 찾았으며, 낭만주의자들의 마음은 감동으로 가득 차 있어서 "감정의 과장"이라고도 표현한다. 고전주의가 이성과 보편성, 본질을 중요시했다면 낭만주의는 감성과 개별성, 실존을 우선시한다. 흔히 라마르틴, 뮈세, 비니, 위고를 일컬어 낭만주의 4대 시인이라 일컫는다.

들라크루아, 〈민중을 이끄는 자유의 여신〉, 루브르 박물관, 1830.

À savoir plus)

※ 들라크루아의 〈민중을 이끄는 자유의 여신〉는 위고의 소설 『레 미제라블』의 배경이 된 7월 혁명을 주제로 삼는다. 그림에 표현된 다양한 계층의 사람들과 알레고리를 조사하고 발표하기.

1) 라마르틴 (Lamartine)

알퐁스 드 라마르틴은 1790년 프랑스 마콩에서 태어나 1869년 파리에서 사망한다. 왕당파 귀족 출신인 아버지를 둔 라마르틴은 군인이나 외교관이 되고 싶었지만 여의치 않아서 문학으로 방향을 돌린다. 1820년 처칠 집안의 영국인 마리아 앤 버치와 결혼하고 『명상시집 *Méditations*』을 출판한다. 또한 나폴리 주재 프랑스 대사관 서기관이 되어 외교관으로서의 길을 시작한다. 라마르틴의 첫 시집인 『명상 시집』은 19세기 낭만주의 시의 매력을 선보이며 폭발적 성공을 거둔다. 이 시집의 유일한 주제는 '고통받는 자아'라고 할 수 있다. 라마르틴은 1830년에 루이 필립이 왕위에 오르자, 외교관의 길과 문학가의 길을 관두고 정계에 진출한다.

라마르틴 외에도 뮈세와 비니, 위고를 낭만주의를 대표하는 4대 시인으로 손꼽는다. 뮈세(Musset)의 『밤 *Les Nuits*』(1835~1837), 비니(Vigny)의 『고대 시와 현대 시 *Poèmes antiques et modernes*』(1826), 위고(Hugo)의 『오드와 발라드 *Odes et Ballades*』(1822-1828) 등 낭만주의 시집의 대표작이 있다. 낭만주의 시인들의 유일한 주제는 사회와 사랑에서 상처받은 자신들의 감정과 후회였으며 자연이나 신, 창작(언어)을 통해 삶의 고통에 대한 해답을 찾고자 한다. 또한 낭만주의 시대 시인들은 정치에 관심이 많았으며 작품을 통해 백성의 비참함을 폭로한다.

Le Vallon dans *Méditations*

Mon cœur, lassé de tout, même de l'espérance,
N'ira plus de ses vœux importuner le sort ;
Prêtez-moi seulement, vallon de mon enfance,
Un asile d'un jour pour attendre la mort.

Voici l'étroit sentier de l'obscure vallée :
Du flanc de ces coteaux pendent des bois épais,
Qui, courbant sur mon front leur ombre entremêlée,
Me couvrent tout entier de silence et de paix.

Là, deux ruisseaux cachés sous des ponts de verdure
Tracent en serpentant les contours du vallon ;
Ils mêlent un moment leur onde et leur murmure,
Et non loin de leur source ils se perdent sans nom.

La source de mes jours comme eux s'est écoulée ;
Elle a passé sans bruit, sans nom et sans retour :
Mais leur onde est limpide, et mon âme troublée
N'aura pas réfléchi les clartés d'un beau jour.

La fraîcheur de leurs lits, l'ombre qui les couronne,
M'enchaînent tout le jour sur les bords des ruisseaux ;
Comme un enfant bercé par un chant monotone,
Mon âme s'assoupit au murmure des eaux.

Ah ! c'est là qu'entouré d'un rempart de verdure,
D'un horizon borné qui suffit à mes yeux,
J'aime à fixer mes pas, et, seul dans la nature,
À n'entendre que l'onde, à ne voir que les cieux. (...)

내 마음, 모든 것에 지쳐, 희망마저도,
더 이상 운명을 내 소원으로 괴롭히지 않으리.
오직 나에게 빌려줘, 내 어린 시절의 골짜기여,
죽음을 기다릴 하루의 피난처만을.

이곳은 어두운 계곡의 좁은 길,
이 산등성이에는 울창한 숲이 매달려 있고,
그 숲은 내 이마 위로 그늘을 엮어내어,
나를 온전히 침묵과 평화로 덮어준다.

여기, 두 개의 개천은 푸른 다리 밑에 숨어,
골짜기의 윤곽을 따라 구불구불 흐른다.
잠시 그들은 물과 속삭임을 섞으며,
그들의 근원 근처에서 이름도 없이 사라진다.

내 날들의 샘도 그들과 함께 흘러갔네;
그것은 소리 없이, 이름 없이, 돌아오지 않으리.
그러나 그들의 물은 맑고, 내 혼은 흔들리며,
그 아름다운 날들의 빛을 반영하지 못할 것이다.

그들의 물줄기에서 나는 신선함을, 그들을 덮는 그늘을,
하루 종일 강가에서 나를 묶어두는 것 같다.
단조로운 노래에 안긴 아이처럼,
내 영혼은 물소리 속에 잠든다.

아, 바로 그곳에서, 푸른 벽에 둘러싸여,
내 눈에 충분한 한정된 수평선을 바라보며,
나는 내 발걸음을 고정하고, 자연 속에서 홀로,
물소리만 듣고, 하늘만 본다.

À savoir plus)

※ "나는 아무도 모방하지 않는다. 나는 나 자신을 위해 나를 표현한다. Je n'imitais plus personne, je m'exprimais moi-même pour moi-même."라는 라마르틴의 표현을 낭만주의와 관련해 생각하고 그 특징에 대해 토의하기.

※ 낭만주의 4대 시인 중 한 명인 뮈세는 1833년 여름 한 만찬 자리에서 조르주 상드라는 여인을 만나 만남과 이별을 반복하는 비극적 사랑을 시작하게 된다. 이후 조르주 상드는 쇼팽을 만나 연애하며 낭만주의 음악에 영향을 주며 이 둘의 모습은 쇼팽의 친구인 낭만주의 화가인 들라크루아에 의해 화폭에 담긴다. 오로르 루실 뒤팽이 '조르주 상드'가 되기까지의 여정과 그녀와 관련이 있는 낭만주의 예술 작품들(문학 작품, 음악, 회화, 영화 등)을 조사하고 발표하기.

2) 빅토르 위고 (Victor Hugo)

위고는 1802년에 군인이었던 아버지의 부임지인 브장송에서 태어났으며 1885년에 파리에서 사망한다. 그는 나폴레옹 군대의 장군이었던 아버지를 따라 여행을 많이 다녔으며 어려서부터 문학에 대한 재능을 드러낸다. 1822년 아델과 결혼한 위고는 뛰어난 낭만주의 시인이었을 뿐 아니라 연극과 소설 등 모든 문학 장르에서 두각을 나타낸다. 작가, 정치인, 시인으로 활약한 위고는 프랑스를 대표하는 최고의 작가 중 한 명이자 서양 문학사에서 중요한 위치를 차지하는 작가다.

1827년 낭만주의 선언문이라 일컬어지는 크롬웰 서문(la préface de Cromwell)을 발표하고 낭만주의 운동의 수장이 된다. 극은 현실적이어야만 하며 극의 현실성은 숭고함(le sublime)과 기괴함(le grotesque)의 결합에서 이루어진다는 위고의 주장은 새로운 낭만주의 연극(le drame romantique)의 시작을 알리며 고전주의 연극과는 다르게 표현의 자유와 삼일치의 폐지를 주장한다. 1830년에 발표한 『에르나니 *Hernani*』의 성공으로 에르나니 논쟁의 승자가 되며 낭만주의 연극의 첫 성공을 알린다.

위고는 계속해서 『가을 나뭇잎 *Les Feuilles d'Automne*』(1831), 『파리의 노트르담 *Notre Dame de Paris*』(1831) 등 시집, 소설, 희곡 등에서 큰 성공을 거둔다. 하지만 1843년 『성주들 *les Burgraves*』의 실패와 큰 딸 레오폴딘의 죽음으로 충격을 받아 약 10년간 출판을 중단하고 정치에 뛰어든다. 1848년 2월 혁명 후 루이 나폴레옹을 지지한다. 그러나 그가 공화국 헌법을 파기하고 스스로 황제의 관을 쓰자 반대편에 서게 되며 제르세(Jersey), 게르느제(Guernesey) 같은 척박한 섬에서 유배 생활을 하며 나폴레옹 3세의 독재에 맞서 투쟁한다. 이 시기에 『징벌시집 *Les Châtiments*』(1853), 『관조시집 *Les Contemplations*』(1856), 『레미제라블 Les Misérables』(1862)과 같은 작품을 집필한다. 『레미제라블』은 유례가 없을 정도로 큰 성공을 거둔 작품이 됐고 제정이 붕괴된 후 위고는 대중의 환호 속에 프랑스로 돌아온다. 1885년 사망 후 그의 유해는 국장의 예우를 받으며 개선문 아래에 공개되었으며 팡테옹에 안장된다.

『레미제라블』 줄거리: 『레미제라블』은 총 5부로 구성된 소설이다. 배를 굶는 조카들을 위해 빵을 훔치다 잡혀서 19년의 형기를 살다 세상에 나온 장 발장은 전과기록으로 여관에서 받아주지 않는 처지에 놓이자 세상을 저주한다. 마리엘 주교의 도움으로 주교관에 머물다 은식기를 훔쳐 도망가다 잡혀 다시 감옥에 갈 처지에 놓인다. 그런데 마리엘 주교는 은식기는 물론 은 촛대까지 주며 장 발장의 삶을 바꾼다. 주교의 은혜를 입은 장 발장은 마들렌이라는 이름으로 지방의 한 시에서 구슬 공장을 운영하며 선행으로 시장까지 된다. 한편 장 발장의 공장에서 일하다 억울하게 쫓겨난 팡틴은 결국 매춘을 하게 되고 장 발장에 의해 구해지고 자신의 딸인 코제트를 부탁하고 사망한다. 자베르라는 형사는 장 발장의 정체를 의심하고 그를 쫓는다. 장 발장은 상마티외라는 죄수가 자신 대신 법정에 선다는 소식을 듣고 고민 끝에 법정에 나가 자신이 장 발장임을 고백하고 형무소살이를 하다 익사를 가장해 탈출한다.

팡틴과의 약속을 지키기 위해 테나르디에 부부에게서 학대를 받고 있던 코제트를 구해 파리에서 새로운 생활을 시작한다. 파리의 부르주아 집안에서 태어난 마리우스는 공화정을 지지하는 아베쎄 친구들과 지내다가 뤽상브르 공원에서 산책 중인 코제트를 만나 마음을 빼앗기고 서로 사랑하는 사이가 된다.

1832년 6월 파리는 라마르크 장군의 죽음을 계기로 혁명이 시작되며 마리우스도 바리게이트로 향한다. 장 발장은 마리우스를 구하기 위해 바리게이트로 향하고 그곳에서 잠복하고 있던 자베르를 만난다. 자베르는 장 발장이 자신을 죽일 줄 알았지만 살려주자, 장 발장이 자신에게 자비를 베풀었다는 생각에 정의에 대한 신념과 가치관이 흔들린다. 자베르는 자신의 정의에 대한 원칙이 장 발장의 자비와 사랑에 무너지자 그동안 자신의 가혹한 행동에 죄책감을 느끼고 사법 제도에 대한 문제점을 제기하고 센느 강에 투신한다.

마리우스는 회복해서 장 발장이 남겨준 유산으로 코제트와 결혼하고 부유한 삶을 살게 된다. 마리우스와 코제트는 결혼 후 장 발장이 범죄자였다고 오해하고 멀리하다가 테나르디에의 고발에 오히려 그가 자신의 생명의 은인이자 몽트뢰유 시의 존경받던 시장이었음을 알고 서둘러 장 발장을 찾아가 용서를 구한다. 장 발장은 코제트에게 팡틴과 자신의 이야기를 전해주고 손을 잡은 채 숨을 거둔다.

Extrait des *Misérables*

"Jean Valjean, mon frère, vous n'appartenez plus au mal, mais au bien. C'est votre âme que je vous achète, je la retire aux pensées noires et à l'esprit de perdition et je la donne à dieu"

"장 발장, 내 형제여, 당신은 더 이상 악에 속하지 않습니다, 오직 신에 속합니다. 나는 당신의 영혼을 사는 것입니다. 나는 그것을 어두운 생각과 멸망의 정신에서 끌어내어, 그것을 하나님께 드립니다."

À savoir plus)

※ 1830년 7월 혁명은 부르봉 왕가의 샤를르 10세 타도를 목적으로 일어나 루이-필립이 하원에서 프랑스 국민의 왕으로 선출된 역사적 사건이다. 전형적인 부르주아 지배체제였던 루이-필립의 7월 왕정은 노동 하층민과 정통 왕정파 모두에게 비난받는다. 또한 7월 혁명의 주역이었던 공화주의자들 눈에는 왕이 다른 왕으로 대체된 것으로 보여 불만이 고조된다.

1832년 2월 부르봉 왕가의 지지자들에 의해 소란이 일어나고 콜레라가 발생하여 6월에 라마르크 장군 역시 전염병으로 사망한다. 1832년 6월 공화주의자들과 노동자들에 의해 라마르크 장군의 장례식이 있는 바스티유에서 6월 혁명이 발생한다. 위고의 소설『레미제라블』은 이런 역사적 사건들을 배경으로 한다.

※ 1848년 2월 혁명을 통해 루이-필립의 왕정이 전복되고 제2공화국이 선포된다. 나폴레옹의 조카인 루이-나폴레옹이 대통령으로 선출된다. 그러나 그는 곧 쿠데타를 일으켜 나폴레옹 3세로 자칭하며 제2제정 시대를 연다.

※『레미제라블』에서 발췌한 위 문장은 장 발장의 변화를 강조하는 중요한 부분이다. 장 발장과 자베르 삶의 차이를 가져오는 것은 무엇이라고 생각하는가?

※ 뮤지컬 영화 〈레미제라블〉(톰 후퍼 감독, 휴 잭맨, 러셀 크로우, 아만다 사이프리드 주연, 2012)을 감상하고 주제 토의하기.

(3) 낭만주의와 소설 (Le romantisme et le roman)

대혁명 이후 소설은 연극과 달리 지켜야 할 규칙이 없었기 때문에 비약적인 발전을 하게 된다. 19세기가 되면서 소설은 신문연재 소설을 통해 독자의 증가와 독서에 대한 취향이 증대하면서 점점 중요한 문학 장르가 된다.

고전주의자들은 고대에 존재하지 않았던 소설이란 장르를 인정하지 않았으며, 루소의 『누벨 엘로이즈』나 샤토브리앙의 『르네』는 엄격한 의미에서는 낭만주의 이전에 낭만주의 감정을 보여준 작품이라고 할 수 있다. 낭만주의 소설은 다음 두 가지로 분류할 수 있다.

먼저 개인주의적, 분석적 소설로 뮈세의 『세기아의 고백 *la confession d'un enfant du siècle*』(1836)을 들 수 있다. 두 번째는 역사소설로 그 성공이 도피에 대한 낭만적 요구에 기인한다. 당시 정치체제의 계속된 변화와 나폴레옹 이후 각국의 민족성의 고취되며 지방색과 중세(과거) 취향은 역사소설의 성공으로 이어진다. 샤토브리앙의 『순교자』와 월터 스코트의 소설의 영향을 받으며 새로운 장르인 신문연재 소설(le roman-feuilleton)의 등장은 대중적 인기를 견인한다. 비니의 『3월 5일 Cinq-Mars』(1826), 뒤마(Dumas)의 『삼총사 *Les trois Mousquetaires*』(1644), 위고의 『파리의 노트르담 *Notre-Dame de Paris*』(1831)등의 대표작이 있다.

Extrait de *Notre-Dame de Paris*

Oh ! dit le prêtre, jeune fille, aie pitié de moi ! Tu te crois malheureuse, hélas ! Hélas ! Tu ne sais pas ce que c'est que le malheur ! Oh ! aimer une femme ! être prêtre ! être haï ! L'aimer de toutes les fureurs de son âme, sentir qu'on donnerait pour le moindre de ses sourires son sang, ses entrailles, sa renommée, son salut, l'immortalité et l'éternité, cette vie et l'autre ; regretter de ne pas être roi, génie, empereur, archange, dieu, pour lui mettre un plus grand esclave sous les pieds ; l'étreindre nuit et jour de ses rêves et de ses pensées ; et la voir amoureuse d'une livrée de soldat ! et n'avoir à lui offrir qu'une sale soutane de prêtre dont elle aura peur et dégoût ! (...)

오! 신부가 말하길, 젊은 여자여, 나를 불쌍히 여겨라! 네가 불행하다고 생각하겠지만, 아! 불행이 무엇인지 너는 모르고 있구나! 오! 여자를 사랑하다니! 신부가 되다니! 미움을 받다니! 그녀를 온 마음으로 사랑하고, 그녀의 미소 하나에 자신의 피, 내장, 명예, 구원, 불멸, 영원, 이 생과 저 생을 바칠 준비가 되어 있음을 느끼며, 왕이거나 천재, 황제, 대천사, 신이 되기를 바라는 마음으로 그녀의 발밑에 더 큰 종을 두기를 바란다! 밤낮으로 꿈과 생각 속에서 그녀를 끌어안고, 그녀가 군인의 제복을 입은 자와 사랑에 빠진 것을 보다니! 그녀에게 그녀가 두려워하고 혐오하는 더러운 신부의 제복만을 내밀어야 한다니! (...)

À savoir plus)

※ 〈노트르담의 파리〉에 나오는 에스멜랄다와 세 남자의 관계도를 그려 보고, 위 인용문에 나오는 프롤로 신부의 고뇌에 대해 토의하기.

1) 스탕달 (Stendhal)

본명이 앙리 벨(Henri Beyle)인 스탕달은 1783년 그로노블에서 태어나 1842년 파리에서 사망한다. 스탕달은 나폴레옹 군대에 입대해 군인의 길을 가다가 나폴레옹의 몰락 후 자신이 좋아하는 나라인 이탈리아로 떠난다. 그러나 그의 자유주의 사상으로 인해 이탈리아에서 추방되어 파리로 돌아온다. 파리에서는 댄디(dandy)로 멋을 부리며 살롱을 드나들고 사교계에서 활동한다. 1830년 7월 혁명 이후 프랑스 영사로 다시 이탈리아에 정착한다.

스탕달은 힘(énergie)을 좋아하는 인물로 나폴레옹과 16세기 이탈리아를 사랑하며 행복을 쫓는(à la chasse du bonheur) 정열적인 인간이다. 스탕달의 정력 예찬은 그의 본명을 따서 베일리즘(Beylisme)이라 불리며 위험천만한 대담한 행위나 격렬한 애욕(연애)에서 느끼는 행복을 가치 있는 것으로 보는 것이다. 사회적 도덕적 배려 대신 자유로이 지성을 훈련하고 정열을 빌산하사는 행복 주구를 지향한다. 하지만 그의 문체는 상반되게도 간결하고 명철한 분석가의 모습을 보여준다. 『적과 흑 *Le Rouge et le Noir*』(1830), 『파름므의 수도원 *La Chartreuse de Parme*』(1839)와 같은 대표작을 남긴다.

Extrait du Rouge et le Noir

Enfin, comme le dernier coup de dix heures retentissait encore, il étendit la main, et prit celle de madame de Rênal, qui la retira aussitôt. Julien, sans trop savoir ce qu'il faisait, la saisit de nouveau. Quoique bien ému lui-même, il fut frappé de la froideur glaciale de la main qu'il prenait ; il la serrait avec une force convulsive ; on fit un dernier effort pour la lui ôter, mais enfin cette main lui resta.

Son âme fut inondée de bonheur, non qu'il aimât madame de Rênal, mais un affreux supplice venait de cesser. Pour que madame Derville ne s'aperçût de rien, il se crut obligé de parler ; sa voix alors était éclatante et forte.

마침 10시의 마지막 종소리가 아직 울리고 있을 때, 그는 손을 내밀어, 마담 드 레날의 손을 잡았다. 그녀는 즉시 그 손을 빼려 했지만, 쥘리앵은 자신이 무엇을 하고 있는지 잘 모르면서도 다시 그것을 움켜잡았다. 그가 매우 감동한 상태였음에도 불구하고, 그는 자신이 잡은 손의 차가운 냉기를 느꼈고, 그 손을 억지로 쥐며 강한 힘을 주었다. 그녀는 마지막으로 그것을 빼려 했지만, 결국 그 손은 그에게 남았다.

그의 영혼은 행복으로 가득 찼다. 마담 드 레날을 사랑해서가 아니라, 끔찍한 고통이 끝났기 때문이었다. 마담 데르빌이 아무것도 눈치채지 않도록 하기 위해, 그는 말을 해야 한다고 생각했다. 그때 그의 목소리는 울려 퍼지고 강했다.

À savoir plus)

※ 베아트리체 센치(Beatrice Cenci)에 대해 조사하고 "스탕달 신드롬"에 대해 토의하기.

※ 스탕달의 『연애론 *De l'amour*』(1822)을 읽고 작가가 말하는 사랑의 결정 작용(cristallisation)에 대해 생각 나누기

(4) 사회소설 (Le roman sur le peuple)

19세기에는 격변하는 정치 상황과 산업 혁명으로 인한 도시 빈곤 문제 등 사회 문제를 소설에 담은 작품들도 등장한다. 외젠느 쉬(Eugène Sue)의 『파리의 신비 *les Mystères de Paris*』(1842-1843)는 당시 유행했던 신문 소설로 큰 성공을 거둔다. 흥미 위주의 소설이지만 당시 사회의 모순과 비참한 삶을 묘사하며 여론을 깨우치고자 한다.

낭만주의 소설이자 사회소설의 대표 작품이라고 할 수 있는 위고의 『레 미제라블』(1862)은 18세기 철학자들의 생각과는 달리 논리와 조직만으로는 인간의 행복을 가져올 수 없고, 인정과 자비와 연민이 또한 필요함을 역설한다. 이러한 요소들을 무시한 사회가 법률의 기계적인 해석과 적용으로 많은 희생자를 내고 있다고 주장하며 위고는 그러한 희생자들에 대한 변호를 작품 속에 담고 있다.

조르주 상드(George Sand, 1804~1876)는 『콘수엘로 Consuelo』(1842)를 통해 다양한 유혹에 대한 도덕성의 승리를 다루는 풍자극이자, 인도주의적 사회소설을 내놓는다.

(5) 환상소설 (Les formes du fantastique)

자유로운 상상력과 자유분방한 공상을 즐기는 낭만주의에 비해 신비와 몽환, 괴기와 취미를 다루는 괴기소설, 혹은 환상소설이 등장한다. 현실에서 일어날 수 없는 사건이나 초자연적 세계에서 일어나는 사건을 소재로 하는 소설로 네르발의 『실비아 *Sylvie*』(1853), 『오렐리아 *Aurélia*』(1853), 메리메의 『섬의 비너스 *la Vénus d'Ille*』(1847) 등의 대표작이 있다.

특히 메리메(Mérimée, 1803~1870)는 단편 및 중편 소설에서 두각을 낸 작가다. 직업이 고고학자로 낭만주의의 다른 작가들 작품에서 보게 되는 자기 폭로와 자아도취를 싫어한다. 대신 근엄하고 건조한 간소한 필치를 사용해서 강렬한 감각, 숙명적 감정, 원시적 성열, 이국주의 등을 표현한다. 대표작으로는 『콜롬바 *Colomba*』(1840), 『카르멘 *Carmen*』(1845) 등이 있다.

(6) 사실주의 소설 (le roman réaliste)

낭만주의의 주제 중 하나인 개인과 사회와의 관계, 사회 문제에 대한 깊은 관심은 사실적 소설을 탄생하게 한다. 낭만주의의 완전한 개화를 보게 된 1830년 대의 사회는 황금만능의 시대요, 야심과 권모술수를 일삼는 속물들이 판을 치는 시대다. 이렇게 점점 복잡해지는 사회를 묘사하는 데 가장 적합하게 여긴 장르는 '소설'이다.

넓은 의미에서 사실주의라는 말은 문학 조류가 아닌 우리가 살고 있는 세계의 구체적인 모습을 묘사하려는 경향을 의미한다. 좁은 의미로는 19세기 소설가들이 사실주의적이라는 형용사를 사용했다. 명칭의 유래는 "레알리즘Réalisme"이라는 이름의 잡지였다. 뒤랑티에 의하면 "사실주의는 현시대의, 그리고 그 사회환경의 정확하고, 완전하고, 진지한 재현(reproduction)을 주장한다." 사실주의는 외부 세계의 객관적인 재현을 말한다. 사실주의자는 사물과 인간의 외면을 묘사함으로써 우리에게 인간에 관하여 많은 것을 가르쳐 줄 수 있다고 믿는다.

사실주의 작가는 객관적이고자 한다. 그는 벌어지는 사실들에 대한 자신의 의견을 표현하고자 이야기에 가담하지 않으며 낭만주의자처럼 현실을 미화하지 않는다. 발작은 등장인물을 소개하기 전에 긴 묘사를 통해서 그 인물을 사회적인 환경에 위치시킨다. 발작과 스탕달은 사실주의의 선구자들이며, 플로베르는 진정한 의미에서의 사실주의를 대표하는 작가라 할 수 있다.

귀스타브 쿠르베, 〈돌 깨는 사람들〉, 1849, 제2차 세계 대전 중 소실.

À savoir plus)

※ 사실주의 문학은 발작을 선구자로 보지만 1849년에 발표한 쿠르베의 그림이 준 영향력도 상당하다. 쿠르베의 〈돌 깨는 사람들〉은 귀족적인 인물이 아닌 초라한 농민의 삶을 미화하지 않고 있는 그대로 묘사한다. 황량한 들에서 비천한 노동을 하는 사람들의 모습을 있는 그대로 사실적으로 그린 쿠르베의 대담한 시도는 당시 격렬한 반응을 불러일으키고 사실주의 문학에도 큰 영감을 준다. 문학과 회화와 관련된 다양한 콘텐츠를 찾아 발표하기.

1) 발작 (Honoré de Balzac)

근대 소설의 개혁자로 불리는 발작은 1799년 투르(Tours)에서 태어나 1850년 파리에서 사망한다. 20세에 작가가 되기로 결심한 발작은 여러 소설을 쓰지만 성공하지는 못하고 생계를 위해서 인쇄소를 매입한다. 그러나 사업은 막대한 빚을 남기고 부채를 갚기 위해 다시 문학으로 돌아온다. 20년 사이에 약 90편의 소설을 집필하는데 『외제니 그랑데 *Eugénie Grandet*』(1833), 『고리오 영감 *Le Père Goriot*』(1834), 『골짜기의 백합 *Le Lys dans la vallée*』(1835) 등도 이 시기에 나온다. 발작의 소설은 철학, 과학, 역사, 정치, 사회학 등 근대 사회에 있어서 인간 생활의 총체적 문학적 표현의 종합이다.

발작은 그의 소설들을 『인간 희극 *La Comédie humaine*』(1829-1827)이라는 제목으로 모아 총 137편의 중, 단편과 2,209명의 등장인물이 나오는 방대한 사회 풍속을 그려낸다. 발작은 마치 사회의 대차대조표를 만들 듯이(dresser l'inventaire de la société) 풍속의 역사를 써 내려간다. 발작 소설의 대부분은 왕정복고와 7월 왕정 시대에 전개된다. 부르주아와 자본주의 시대의 도래로 악착같은 출세욕과 비열한 술책, 배금주의가 주제이다. 발작의 주인공에게서는 야망의 주제가 자주 발견되며 그랑데는 탐욕에 불타며, 고리오 영감은 부성애, 사촌 베트는 질투에 불타는 인물이다.

『고리오 영감』 줄거리 : 이 소설은 음침한 보케르 하숙집과 그 하숙인들에 대한 기나긴 묘사로 시작한다. 그 하숙인 중에 고리오 영감이 있는데 그는 대혁명 기간에 부자가 되었던 제조업자이며 라스티냑은 가난하나 야망에 찬 귀족 가문의 학생이다. 고리오 영감은 자기 딸들을 많은 지참금과 함께 부잣집에, 귀족에게 시집을 보내고 자신은 연금만 남겨 하숙집에서 생활한다. 그러나 딸들은 사치와 방탕한 생활을 위해 아버지의 남은 연금마저 빼앗아 가고 고리오 영감의 부성애에 보답하지 않는다. 딸들은 배은망덕하고 사위들에게는 모욕당한 채 고리오 영감은 가난하고 쓸쓸하게 죽는다.

Extrait du *Père Goriot*

Quand Eugène eut achevé cette lettre, il était en pleurs, il pensait au père Goriot tordant son vermeil et le vendant pour aller payer la lettre de change de sa fille.

"Ta mère a tordu ses bijoux! se disait-il. Ta tante a pleuré sans doute en vendant quelques-unes de ses reliques! De quel droit maudirais-tu Anastasie? tu viens d'imiter pour l'égoïsme de ton avenir ce qu'elle a fait pour son amant! Qui, d'elle ou de toi, vaut mieux?

외젠이 그 편지를 마쳤을 때, 그는 울고 있었다. 그는 고리오 영감을 떠올리며 그가 도금한 은을 비틀어 팔아, 딸의 환어음 값을 지불하려 했던 것을 생각했다.

“네 어머니는 자신의 보석을 팔았어! 그는 자신에게 말했다. 네 이모는 아마 몇 개의 유물을 팔면서 울었겠지! 무슨 권리로 네가 아나스타시를 저주할 수 있겠어? 네가 그녀의 애인을 위해 했던 일을 이제 너의 미래를 위해 똑같이 따라 했잖아! 그녀와 너 중 누가 더 나은 사람이냐?”

À savoir plus)

※『고리오 영감』에 나오는 고리오 영감의 부성애와 딸들의 일명 '등골 브레이커' 같은 행동에 대해 어떻게 생각하는지 토의하기.

※ 외젠 라스티냐은 발작의 27편의 소설에 등장하는 주인공으로 『고리오 영감』에서 법학을 공부하는 학생으로 처음 등장한다. 라스티냐은 고리오 영감의 장례를 치른 후, 라세즈 묘지에서 파리 전경을 내다보며 "À nous deux, maintenant !"을 외치며 파리 정복을 결심한다. 이후 가난하고 이상주의자였던 라스티냐은 출세를 위해 여자를 이용하며 성공 가도를 걷는 교활한 인간이 된다. 라스티냐이 외친 포효와 그 후의 행보에 대해 어떻게 생각하는가?

(7) 전문적 비평가의 등장, 쌩트-뵈브 (Sainte-Beuve)

19세기 비평은 독단론과 역사 비평을 들 수 있다. 독단론은 작품의 창조성 대신 시공을 초월한 법칙과 이상을 기준으로 작품을 평가하는 방법으로 보왈로와 볼테르가 대표적이다. 역사 비평은 작품을 그 시대 환경과 연관시켜서 역사적, 비교적 비평을 확립하는 것으로 샤토브리앙과 마담 드 스탈의 비평 방식이다.

19세기에 전문적인 비평가라고 할 수 있는 인물이 등장하는데 바로 쌩트-뵈브(Sainte-Beuve, 1804~1869)이다. 그는 근대 비평의 원조라고 불리며 〈월요일의 한담〉이란 모임을 통해 작품을 분석하며 작품은 작가의 '기질의 표현'이라고 주장한다. 그래서 작가의 심리를 탐구하기 위해 작가의 향토, 민족, 용모, 체질, 가정, 교육 등 작가를 완전히 앎으로써 그의 작품을 설명하고자 한다. 자연 과학자들이 동, 식물을 부류별로 분류하듯이 작가들의 정신세계를 유형에 따라 구별 정리해 문학의 박물관을 세우고자 한다.

가장 오래되고 가장 확실한 연구 방법인 역사주의 비평 방법은 실증 과학의 영향을 받아 쌩트-뵈브와 텐느를 통해 체계를 갖추게 된다. 이들은 당시 사회에서 풍미하던 실증주의의 영향을 받아 과학적 사고 방식대로 사물의 인과관계를 확정하려 한다. 텐느는 실증주의적 입장에서 문학을 결정하는 요인으로 인종과 시대, 환경의 세 요인을 주장하며 이를 통해 문학작품에 접근한다.

역사주의적 비평은 어떤 작품이든지 그것을 낳게 한 역사적 배경을 떠나서는 존재할 수 없다는 명제에서 비롯된다. 하지만 수단인 고증자료의 수집이 목적이 되어버리는 경우가 있음에 주의해야 한다. 역사주의 비평 방법으로는 원전비평과 전기비평, 역사비평이 있다.

19세기 프랑스 문학-2

La Littérature française–XIXe siècle-2

(1) 사실주의와 자연주의 (Réalisme et Naturalisme)

1) 플로베르 (Gustave Flaubert)

2) 모파상 (Guy de Maupassant)

3) 에밀 졸라 (Emile Zola)

(2) 상징주의 (Symbolisme)

1) 보들레르 (Charles Baudelaire)

2) 말라르메 (Mallarmé)

3) 랭보 (Arthur Rimbaud)

4) 베를렌느 (Paul Verlaine)

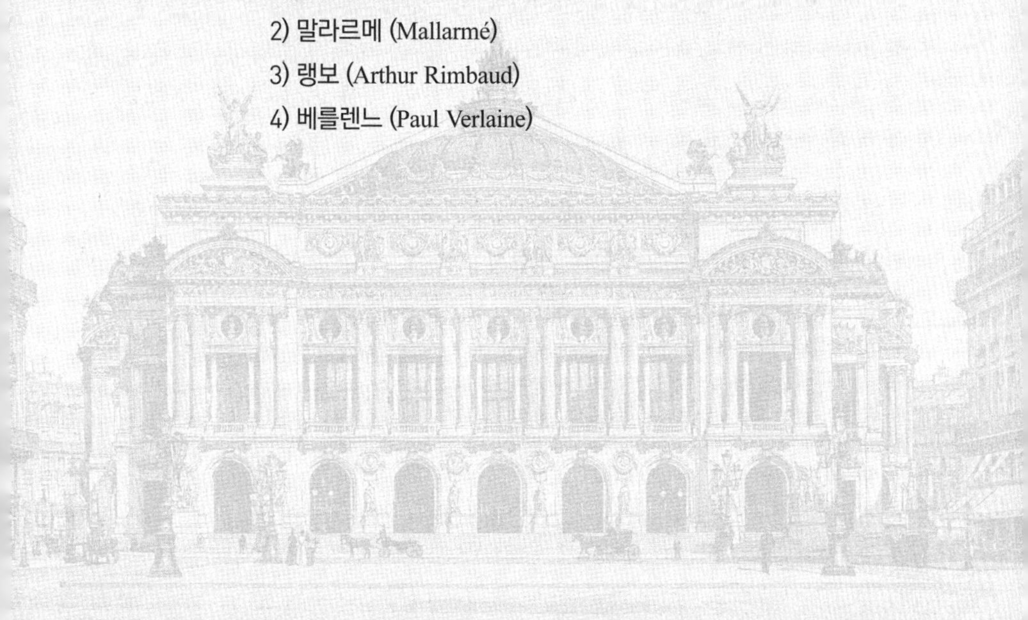

19세기 프랑스 문학-2
(La Littérature française–XIXe siècle-2)

(1) 사실주의와 자연주의 (Réalisme et Naturalisme)

사실주의와 자연주의 시대(1850~1890)는 제2제정과 실증주의의 승리와 더불어 1850년경부터 시작한다. 19세기 후반기는 나폴레옹 3세의 제2제정의 시작과 파리 코뮌, 제3공화국의 시대이다. 루이 나폴레옹의 부르주아 제정은 질서와 안정 제일주의 지향으로 상, 공업의 놀라운 발전에 따른 실리주의적 사고가 팽배한 시기다.

특히 콩트(Auguste Comte, 1795~1857)의 실증주의 철학을 바탕으로 추상 개념 대신 실험적 방법에 의거한 과학, 생물학과 사회학이 발전한다. 랑송에 의하면 종교적 신앙에 대한 과학적 실증주의의 우월과 정신적 관심에 대한 물질적 관심의 우월 그리고 사회 문제에 대한 정신 문제의 우월성을 드러낸 시기라고 할 수 있다.

이 시기는 개인 정서를 해방하고 주관주의와 개인주의를 고양한 낭만주의에 맞서 과학적인 공평한 태도를 견지하고 지적 실증을 찾아 객관주의와 보편성을 존중하는 사실주의가 확고한 위치를 차지하는 시기이기도 하다. 고전주의와 사실주의의 차이는 고전주의가 양식과 이성에 좀 더 치중한다면 사실주의는 과학에 의거한 객관성을 추구한다는 점이다. 사실주의는 현실의 총체적이고 충실한 '재현'만을 의도하는 예술이자 '기록적 소설'에 만족하며 경험과 관찰과 체험에 입각한다.

자연주의는 사실주의의 확장이라고 할 수 있으며 거기에 과학적 요소를 추가한다. 19세기 후반부를 특징짓는 실험과학에 대한 열광은 그 주장을 뒷받침한다. 자연주의는 과학적 방법에 의거해 어떤 결론을 내리려는 뜻에서 '실험적 소설'을 창조하며 실험과 해부를 가하고, 판단하고 결론을 내린다. 자연주의는 인간이 두 가지 요인, 즉 유전과 환경에 의해 결정된다고 생각한다. 에밀 졸라는 사실주의 이론을 극대화해서 실험과학, 생물학의 방법을 소설에 적용했다. 텐느의 환경 영향설과 다윈의 진화론 등의 영향을 받아 이른바 자연주의 문학 이론을 세우고 실천한 대표 작가다.

À savoir plus)

※ 콩트의 실증주의는 사회와 인간 행동을 과학적으로 분석하고 이해하려는 철학적 접근으로, 모든 지식은 경험과 관찰을 기반으로 해야 한다고 주장하며, 역사적 발전이 신학적, 형이상학적, 실증적 단계로 나누어진다고 보았다. 실증주의는 사실주의와 자연주의에 많은 영향을 미쳤는데, 사실주의는 인간 경험을 정확하게 묘사하려는 경향을, 자연주의는 인간과 사회 현상을 자연과학적 방법으로 분석하려는 성향을 강화한다.

콩트의 실증주의가 주장하는 '과학적 분석'을 통해 사회를 이해하려는 시도가 현대 사회에 어떻게 적용될 수 있는지와 과학적 접근이 오히려 인간의 감정이나 가치 판단을 제대로 반영하지 못한다는 비판에 대해 토의하기.

1) 플로베르 (Gustave Flaubert)

플로베르는 1821년 루앙(Rouen)에서 태어나 1880년 노르망디의 크루와세(Croisset)에서 사망한다. 플로베르의 생애는 우여곡절이 거의 없이 23세부터 루앙 근처의 크루아세 저택에서 집필하며 대부분의 시간을 보낸다. 플로베르는 글을 쉽게 쓰지 않는 스타일로 정확한 묘사를 위해 풍부한 자료 수집과 끊임없이 작품을 수정하는 편이다.

그는 사실주의적 접근을 위해 최대한 사실적 묘사에 충실하며, 자신이 관찰한 디테일을 활용하여 현실의 인상을 만들어내는 작가다. 또한 외과 의사였던 아버지의 영향으로 주인공들을 철저히 분석하며 의학적이자 과학적인 시선을 중요시한다.

보봐리 부인의 음독 자살을 묘사하기 전 여러 의학서적을 섭렵해서 자신의 표현에 정밀성과 사실성을 부여하고자 노력한다. "모든 사물은 사물을 표현하는 단어가 있다."는 '일물일어설'을 주장하며 정확한 현실 묘사를 강조한다.

대표작으로는 『마담 보봐리 *Madame Bovary*』(1856), 『살람보 Salammbô』(1862), 『감정교육 *L'Education sentimentale*』(1877) 등이 있다.

『보봐리 부인』 줄거리: 이 소설은 실제의 사건에 기반을 두고 있다. 소박한 시골 의사 샤를르 보봐리와 결혼한 공상적인 여인 엠마에 대한 이야기이다. 수도원에서 낭만주의 연애를 다루는 소설들을 많이 읽은 엠마는 결혼생활에 대해 지나치게 낭만 가득한 환상을 갖고 있다. 그러나 남편이 샤를르는 지극히 평범하고 속물적인 사람이었고 엠마는 곧 남편과 노르망디 시골에서의 생활에 환멸과 권태를 느낀다. 귀족의 파티에 초대되어 간 후에 더욱 자신이 누리지 못하는 생활에 갈망을 느끼고 자신의 유혹하는 귀족에게 쉽게 넘어가며 그와 헤어진 후에는 젊은 미남자인 레옹과 연이어 바람을 피운다. 남편 몰래 가산을 탕진하고 빚을 지면서까지 애인을 붙잡아두려고 노력하지만 엠마는 여전히 행복하지 않다. 결국 부채에 휘말려 오메 약국에서 비소를 훔쳐 음독자살한다.

Extrait de *Madame Bovary*

Avant qu'elle se mariât, elle avait cru avoir de l'amour ; mais le bonheur qui aurait dû résulter de cet amour n'était pas venu, il fallait qu'elle se fut trompée, songea-t-elle. Et Emma cherchait à savoir ce que l'on entendait au juste dans la vie par les mots de félicité, de passion et d'ivresse, qui lui avaient paru si beaux dans les livres.

그녀는 결혼하기 전에 사랑이 있다고 믿었었다. 하지만 그 사랑에서 비롯되었어야 할 행복은 오지 않았고, 그녀는 자신이 틀렸다고 생각했다 그리고 엠마는 자신이 책에서 그렇게 아름답게 여겼던 '행복', '열정', '취기'라는 말들이 실제로 삶에서는 무엇을 의미하는지 알고자 했다.

À savoir plus)

※ 플로베르는 "마담 보봐리는 바로 나다. Madame Bovary, c'est moi"라고 말하며 우리에게 그녀의 비극에 대해 경고한다. 엠마 보봐리의 이름에서 보봐리즘(Bovarysme)이란 용어가 유래하는데 자기 자신에 대해서 갖고 있는 환상의 희생자, 감상적인 소시민이라는 자신의 처지에 전혀 어울리지 않는 갈망의 희생자를 뜻한다. 영화 〈마담 보봐리〉(소피 바르트 감독, 미아 와시코우스카, 에즈라 밀러 주연, 2015)를 감상하고 플로베르가 엠마를 통해 보여주는 위태로운 환상의 능력(faculté d'illusion)에 대해 토의하기.

※ 엠마와 돈키호테는 각자 사랑에 대한 소설 속 여주인공과 기사 소설 속 주인공이라는 욕망의 매개자를 만나 욕망한다는 유사점이 있다. 그들이 갖게 된 욕망은 무엇인지 르네 지라르(René Girard)의 '욕망의 삼각형le trianle du désir' 이론을 통해 분석하고 발표하기.

2) 모파상 (Guy de Maupassant)

모파상은 1850년 페캉에서 태어나 1893년 파시 정신 병원에서 사망한다. 모파상은 어머니가 플로베르의 어릴 적 친구인 덕분에 플로베르의 제자가 된다. 대표작으로는 『비계 덩어리 *Boule de suif*』(1880), 『여자의 일생 *Une Vie*』(1883), 『벨아미 *Bel ami*』(1885) 등이 있다. 쁘티 부르주아, 노르망디의 농부들, 1870년 보불 전쟁을 묘사한다. 소시민, 군인들의 삶을 면밀한 관찰과 기억에 따라 객관적으로, 아이러니를 담아 묘사한다.

메리메 이후 가장 완벽한 단편 소설을 쓴 소설가로 평가된다. 모파상의 묘사는 명확하고 적절하며 박진감이 있어서 일찍이 문학적 성공을 거두었다. 플로베르의 소개로 에밀 졸라를 비롯한 당시 파리의 자연주의파 문인들을 사귀게 되었다. 그리고 에밀 졸라가 수축이 되어 엮은 단편집『메당 야화』에『비계덩이리』를 발표하며 일약 문단의 스타가 되었다.

친구에게 빌렸다가 잃어버린 목걸이가 가짜인 줄 모르고 그 빚을 갚기 위해 10년을 인생 밑바닥에서 보내야 했던『목걸이』의 주인공이나 사람들의 강요에 못 이겨 적군 장교에게 몸을 팔았으나, 노리어 그들로부터 비난과 멸시를 받아야 했던『비계덩어리』의 주인공처럼 모파상은 독자들에게 떨쳐 버릴 수 없는 씁쓸함을 안겨 주는, 인간이 지닌 뒤틀린 욕망과 이기심, 나약함을 보여준다. 따라서 그의 세계관은 매우 비관적이다. 가속력과 매독으로 인한 정신병으로 결국 정신병원에서 생애를 마친다.

『벨아미』의 줄거리: '벨아미'는 아름다운 남자라는 뜻으로 주인공 애인의 딸이 조르주에게 지어준 별명이다. 가난한 농촌에서 태어난 조르주 뒤루아는 알제리 프랑스 자치령에서 군인으로 복무하다가, 새롭고 유복한 생활을 꿈꾸며 파리로 오지만 북부 철도 사무원 자리를 얻어 하루를 근근이 보낸다. 어느 날 뒤루아는 길에서 우연히 전우 포레스티에를 만나고, 그 덕분에 잘나가는 잡지사에 취직할 기회를 얻는다. 포레스티에를 통해 화려한 사교계의 맛을 본 뒤루아는 그 역시 상류사회의 일원이 되고 싶다는 욕망에 조바심을 낸다. 그러던 중, 적당한 부와 지위를 갖춘 귀부인 드 마렐이 뒤루아에게 호감을 보이고, 뒤루아는 예상 외로 너무도 쉽게 그녀를 유혹해 낸다. 뒤루아는 자신을 신문사에 취직시켜 준 친구 포레스티에의 아내와 신문사 사장 왈테르의 아내와 그의 딸에 이르기까지, 자신에게 부와 쾌락, 명예를 안겨 줄 수 있는 여자라면 누구든지 유혹하고 버리기를 반복한다.

Extrait de *Bel-Ami*

Georges songeait: "Je serais bien bête de me faire de la bile. Chacun pour soi. La victoire est aux audacieux. Tout n'est que de l'égoïsme. L'égoïsme pour l'ambition et la fortune vaut mieux que l'égoïsme pour la femme et pour l'amour."

조르주는 생각했다. "내가 왜 괜히 속을 썩이지? 각자는 자기 자신을 위해서. 승리는 대담한 자에게 있다. 모든 것은 이기심일 뿐. 야망과 재산을 위한 이기심은 여자를 위한 이기심보다 낫다."

À savoir plus)

※ 『벨아미』의 주인공인 조르주의 기자라는 직업과 소설의 배경이 되는 신문사를 통해 당시 언론인의 세계와 지식인의 역할을 조사하기.

※ 19세기 프랑스 소설에는 대표적인 출세주의자라고 칭할 수 있는 삼인방이 있다. 스탕달의 줄리앙 소렐과 발작의 외젠 라스티냑, 그리고 모파상의 조르주 뒤루아가 그들이다. 이들의 공통점과 차이점에 대해 조사하고 발표하기.

※ 영화 〈벨아미〉(데클란 도넬란 감독, 로버트 패틴슨, 우마 서먼, 크리스틴 스콧 토마스, 크리스티나 리치 주연, 2012)를 감상하고 사회적 계급과 도덕적 타락의 관계에 대해 토의하기

3) 에밀 졸라 (Emile Zola)

졸라는 1840년 파리에서 태어나 1902년 파리에서 사망한다. 그는 대학 입학 자격시험에 실패한 후 서점에 근무하다가 기자가 된다.

몇 년 후 작가가 된 후 『루공-마카르 *Les Rougon-Macquart*』 시리즈를 구상한다. 졸라는 줄거리를 세우고 자료를 수집하여 하루에 정해진 분량만 규칙적으로 집필하는데 그 작업만 25년이 걸린다. 『루공-마카르』(1870-1890) 총서는 "제2제정 시대 어느 가족의 박물학적 및 생물학적 연구"라는 부제에 걸맞게 제2제정 시대 한 가족의 역사를 다섯 세대에 걸쳐 한 아버지의 자녀들이 특이한 방식과 엇갈림에 따라서 어떻게 다양한 삶의 여건 속에 놓이게 되는 지를 20권의 소설을 통해 추적하며 분석한다. 제7권인 『목로주점 *L'Assommoir*』(1877)은 대성공을 거두며 제르베즈, 나나, 에티엔 랑티에 같은 소설 속 주인공은 유명해진다.

문학적 성공과 명성을 얻은 졸라는 말년에 정치문제에 관여하면서 사회주의 경향을 보여준다. 1898년에는 드레퓌스 사건(l'affaire Dreyfus)에 개입, 드레퓌스 대위의 무죄를 주장하는 〈나는 고발한다J'accuse〉라는 유명한 기사를 발표한다. 졸라는 정의파로 사회 개혁에 열정을 보이나 1902년에 의문의 사고로 사망한다.

『목로주점』 줄거리: 남편으로부터 버림 받은 제르베즈는 노동자 쿠포를 만난다. 그들은 결혼하여 쿠포가 지붕에서 떨어져 다리가 부러질 때까지 행복하게 산다. 회복기 동안 권태를 느낀 그는 카바레(목로주점)로 발걸음을 옮긴다. 아버지를 닮기 싫어서 술을 거의 마시지 않던 쿠포는 어느 사이 술주정뱅이가 된다. 알콜은 그의 일상이 되고, 제르베즈는 환멸과 생활고에 바람을 피우게 된다. 그들의 아들과 딸 역시 비참한 환경에 놓이게 되며 가족의 전락은 피할 수 없게 된다.

Extrait de *l'Assommoir*

" Mon dieu! je ne suis pas ambitieuse, je ne demande pas grand chose... mon idéal, ce serait de travailler tranquille, de manger toujours du pain, d'avoir un trou un peu propre pour dormir, vous savez, un lit, une table et deux chaises, pas davantage... Ah! je voudrais aussi élever mes enfants, en faire de bons sujets, si possible... il y a encore un idéal, ce serait de ne pas être battue, si je me remettais jamais en ménage; non ça ne me plairait pas d'être battue... Et c'est tout, vous voyez, c'est tout..."

"오 신이시여! 저는 야망이 있는 여자가 아니에요. 많은 것을 바라지 않아요... 저의 이상적인 삶은 조용히 일하고, 항상 빵을 먹고, 조금이라도 깨끗한 구석에서 자는 것, 아시죠, 침대 하나, 탁자 하나, 의자 두 개, 그 이상은 필요 없어요... 아! 저는 또한 제 아이들을 잘 키우고, 가능하다면 좋은 시민으로 만들고 싶어요... 또 하나의 이상은, 만약 제가 다시 결혼을 한다면, 두들겨 맞지 않았으면 좋겠어요; 맞는 것은 정말 싫어요... 그게 전부예요, 보시다시피, 그게 다예요..."

À savoir plus)

※『목로주점』에 나타나는 술과 알콜 중독의 문제가 담고 있는 사회적 메시지를 분석하고 오늘날의 사회 문제와 연관해서 토의하기.

(2) 상징주의 (Symbolisme)

소설에서 낭만주의에 맞선 사실주의가 전성기를 맞이하는 시기에 시 장르에서도 "예술을 위한 예술", 시에 있어서 새로운 조류인 고답파(la poésie parnassienne)가 형성된다. 고답파 시인들은 낭만주의의 지나친 서정을 배제하고 객관적이고 몰개성적이며 무감동, 무감각한 조형적인 시를 예찬하는 시인들이다. 예술은 도덕적 교훈을 주려고 하는 대신 비개인적이어야 한다고 주장한다.

테오필 고티에(T. Gautier, 1811~1872)의 『칠보와 조가비 *Emaux et Camées*』(1852), 르콩트 드 릴(Leconte de Lisle, 1818-1894)의 『고대시집』(1852) 등의 대표 작품이 있다.

말라르메는 상징에 대해 다음과 같이 설명한다. "고답파 시인들은 사물을 전체적으로 포착해서 그것을 그대로 보여준다. … 사물에 뚜렷한 이름을 붙이는 것은 시흥의 4분지 3을 말살하는 일이다. 시의 묘미란 조금씩 터득해 가는 데 있는 법이다. 암시가 바로 꿈이다. 이러한 신비의 능란한 활용이 곧 상징이다"

상징주의는 보들레르의 "초대"에 대한 응답이자 고답파에 대한 반발로 시작한다. 즉 겉으로 볼 수 있는 세계만을 유일한 현실로 보고, 이것을 토대로 한 객관성을 주장하는 과학적 사실주의에 대한 반동으로 시작해서 낭만주의에 접근했던 경향을 말한다. 특히 '언어'는 상징주의자들이 절대적 세계를 탐구하는 도구였다. 비둘기가 평화를 상징하듯 상징은 명확하지 않고 암시하는 것이며 단어들 너머에 있는 상징을 유추하는 일이다. 상징주의자들은 새로운 시어를 탐구하며 유추(analogie)에 의해서 서로 암시하고 환기하는 영상들을 쌓아간다.

1) 보들레르 (Charles Baudelaire)

보들레르는 1821년 파리에서 태어나 1867년 파리에서 사망한다. 아버지가 어려서 사망하고 어머니는 오픽 대령과 재혼을 한다. 어머니의 재혼으로 민감한 소년이었던 보들레르는 불행하다는 감정에 빠져들고 평생 새아버지를 증오한다. 중등 교육을 마친 보들레르는 방탕하게 지내며 댄디 생활을 한다. 1844년에 혼혈 여인이 잔 뒤발을 만나 사랑하게 되는데 그녀와의 불행한 관계는 보들레르의 시 창작에 많은 영향을 미친다.

보들레르는 1857년에 『악의 꽃 *Les Fleurs du Mal*』을 출판한다. 이 작품은 공중도덕을 해친다는 이유로 피소되어 6편의 시가 삭제되기도 했으나 프랑스 현대시의 출발을 알리는 혁신적인 작품으로 평가받는다. 이후 경제적 어려움과 성병, 중풍 등 신체적 고통에 시달리다 46세에 사망한다. 보들레르의 삶은 '저주받은 시인'의 전형적인 모습을 보여준다.

보들레르는 이상을 추구(La Quête de l'idéal)하는 시인이다. 낭만주의자들의 절대성 추구와 고답파 시인들의 형식적 요구를 따르면서 보들레르는 새로운 시의 역사를 쓰며 상징파의 선구자가 되어 시의 현대성(La modernité poétique)을 이룩한다. 『악의 꽃』은 현세의 평범과 위선과 부패와 죄악을 뚫어지게 바라본다. 그리고 오직 피안을, 종교를, 미지의 나라를, 미지의 아름다움을 동경하는 넋을 가지고 있기에 위고는 보들레르가 "새로운 전율을 창조했다"고 평가한다.

세상을 마주하게 된 인간의 감정을, 보들레르는 자신의 시 속에서 이상에 도달하기 위해 시인의 존재로 변화시킨다. 보들레르의 작품 속 인간은 항상 선과 악 사이에서, 정신적 사랑과 방탕 사이에서 갈등을 겪는다.

그리고 타인을 향한 자비와 잔인함 사이에서 고민한다. 신을 향한 경배와 신성 모독 사이에서 방황하며 고통을 겪는다. 대표작인 〈여행에의 초대 *Invitation au voyage*>에서는 해결할 수 없는 상황에 놓인, 절망에 처한 낭만주의자들에게 보들레르는 새로운 해결책으로 여행에의 초대를 한다. 시를 통해서 시인이 아름다움(beauté)이라고 부르는 무한한 것(infini)을 발견할 수 있도록 초대한다.

보들레르가 남긴 유일한 시집인 『악의 꽃』은 현대시의 시작이라고 평가받으며 산문 시집인 『파리의 우울 *Spleen de Paris*』은 산문시라는 새로운 현대시의 영역을 개척한다. 또한 보들레르는 미국 작가인 에드거 앨런 포의 작품을 번역해 프랑스에 소개했으며, 평론집 등 미술비평 분야에서도 업적을 남긴다.

L'Invitation au Voyage

Mon enfant, ma sœur,
Songe à la douceur
D'aller là-bas vivre ensemble !
Aimer à loisir,
Aimer et mourir
Au pays qui te ressemble !
Les soleils mouillés
De ces ciels brouillés
Pour mon esprit ont les charmes
Si mystérieux
De tes traîtres yeux,
Brillant à travers leurs larmes.

Là, tout n'est qu'ordre et beauté,
Luxe, calme et volupté.

Des meubles luisants,
Polis par les ans,
Décoreraient notre chambre ;
Les plus rares fleurs
Mêlant leurs odeurs
Aux vagues senteurs de l'ambre,
Les riches plafonds,
Les miroirs profonds,
La splendeur orientale,
Tout y parlerait
À l'âme en secret
Sa douce langue natale.

Là, tout n'est qu'ordre et beauté,
Luxe, calme et volupté.

Vois sur ces canaux
Dormir ces vaisseaux
Dont l'humeur est vagabonde ;
C'est pour assouvir
Ton moindre désir
Qu'ils viennent du bout du monde.
– Les soleils couchants
Revêtent les champs,
Les canaux, la ville entière,
D'hyacinthe et d'or ;
Le monde s'endort
Dans une chaude lumière.

Là, tout n'est qu'ordre et beauté,
Luxe, calme et volupté.

여행으로의 초대

내 아이여, 내 여동생이여,
함께 저기 가서 살자는 그 달콤함을 생각해 보라!
마음껏 사랑하고,
사랑하고 죽는
그 땅에서, 그곳은 네 모습을 닮았다!
그 흐린 하늘에서 비에 젖은 태양들,
내 정신에 그 매력이 있다,
네 속임수의 눈들이
눈물 속에서 빛나는 그 신비로운 매력처럼.

그곳엔 모든 것이 질서와 아름다움,
사치, 평화, 쾌락뿐이다.

세월에 닳고 닳은,
반짝이는 가구들이
우리 방을 장식할 것이다,
가장 희귀한 꽃들이
그들의 향기를 섞어
호박 향기와 함께 퍼지리라,
풍부한 천장,
깊은 거울들,
동양의 화려함,
모든 것이 속삭일 것이다,
영혼에 몰래
그 고유의 달콤한 언어를.

그곳엔 모든 것이 질서와 아름다움,
사치, 평화, 쾌락뿐이다.

보라, 저 수로에서
그 배들이 잠자고 있다,
그들의 성격은 방랑자처럼,
그들은 네 작은 욕망을 채우기 위해
세상의 끝에서 오고 있다.

– 저녁 해는
필드와 수로,
도시 전체를
청색과 금으로 물들인다;
세상은
따뜻한 빛 속에서
잠든다.

그곳엔 모든 것이 질서와 아름다움,
사치, 평화, 쾌락뿐이다.

L'albatros

Souvent, pour s'amuser, les hommes d'équipage
Prennent des albatros, vastes oiseaux des mers,
Qui suivent, indolents compagnons de voyage,
Le navire glissant sur les gouffres amers.

A peine les ont-ils déposés sur les planches,
Que ces rois de l'azur, maladroits et honteux,
Laissent piteusement leurs grandes ailes blanches
Comme des avirons traîner à côté d'eux.

Ce voyageur ailé, comme il est gauche et veule !
Lui, naguère si beau, qu'il est comique et laid !
L'un agace son bec avec un brûle-gueule,
L'autre mime, en boitant, l'infirme qui volait !

Le Poète est semblable au prince des nuées
Qui hante la tempête et se rit de l'archer ;
Exilé sur le sol au milieu des huées,
Ses ailes de géant l'empêchent de marcher.

알바트로스

종종, 즐기기 위해, 선원들은
알바트로스를 잡는다, 광대한 바다의 새들,
그들은 배를 따라, 게으른 여행 동반자처럼,
쓴 바다를 가르며 미끄러지듯 나아간다.

그들이 그것을 판자 위에 놓자마자,
이 푸른 하늘의 왕들은 서투르고 부끄럽다,
그들의 커다란 흰 날개는
노젓기처럼 그들 옆에 끌린다.

날개를 가진 이 여행자는, 얼마나 서투르고 약한가!
한때는 아름다웠던 그가, 얼마나 우스꽝스럽고 못생겼는가!
한 사람은 그들의 부리를 피우며,
다른 이는 절뚝거리며 날아갔던 불구자를 흉내 낸다!

시인은 구름의 왕자와 같다,
그는 폭풍 속을 떠돌며 궁수의 웃음을 받는다;
땅에 유배되어 비웃음을 당하며,
그의 거대한 날개는 그가 걷는 것을 방해한다.

À savoir plus)

※ 보들레르가 말하는 자연과 예술의 조응(correspondances)에 대해 조사하고 발표하기.

※ 〈알바트로스〉 시에서 알바트로스가 상징하는 시인, 예술가의 존재에 대해 토의하기.

2) 말라르메 (Mallarmé)

말라르메는 1842년 파리에서 태어나 1898년 퐁텐블로 근처 발뱅에서 사망한다. 가족의 죽음을 겪으며, 시를 쓰기 시작한 초기부터 현실이 아닌 다른 세계를 추구한다. 보들레르의 『악의 꽃』의 영향을 받아 현실도피라는 주제에 집중하지만, 감각적이고 막연한 현실도피를 하는 보들레르와는 다르게 이상적인 세계의 본질 및 이상적인 세계와 현실 세계의 관계를 분석하고자 한다. 현실 너머 공허 속의 본질을 명확하게 표현하기 위해 언어를 극도로 교묘하고 복잡하게 사용해야 한다고 생각했으며 그 이론을 실천하는 데 평생을 바친다.

대표작으로 『목신의 오후 *L'après-midi d'un faune*』(1865)가 있다. 『목신의 오후』는 보들레르의 『악의 꽃』과 발레리의 『젊은 파르크』와 더불어 프랑스 시의 극치로 꼽힌다.

L'après midi d'un Faune

Le Faune :

Ces nymphes, je les veux perpétuer.
Si clair,
Leur incarnat léger, qu'il voltige dans l'air
Assoupi de sommeils touffus.

Aimai-je un rêve ?
Mon doute, amas de nuit ancienne, s'achève
En maint rameau subtil, qui, demeuré les vrais
Bois même, prouve, hélas ! que bien seul je m'offrais
Pour triomphe la faute idéale de roses.
Réfléchissons ...

Ou si les femmes dont tu gloses
Figurent un souhait de tes sens fabuleux !
Faune, l'illusion s'échappe des yeux bleus
Et froids, comme une source en pleurs, de la plus chaste :
Mais, l'autre tout soupirs, dis-tu qu'elle contraste
Comme brise du jour chaude dans ta toison ?
Que non ! par l'immobile et lasse pâmoison
Suffoquant de chaleurs le matin frais s'il lutte,
Ne murmure point d'eau que ne verse ma flûte
Au bosquet arrosé d'accords ; et le seul vent
Hors des deux tuyaux prompt à s'exhaler avant
Qu'il disperse le son dans une pluie aride,
C'est, à l'horizon pas remué d'une ride
Le visible et serein souffle artificiel
De l'inspiration, qui regagne le ciel.
(...)

그 님프들을, 나는 영원히 간직하고 싶다.

그들의 피부는 맑고,
가벼운 홍조가 공중에서 떠돌고
무성한 잠에 잠긴 공기 속에서.

내가 꿈을 사랑했었나?
내 의심은, 오래된 밤의 덩어리가 되어 여러 가는 가지로 끝을 맺는다.
그것은, 아, 진정 내가 제물로 바친 것은
장미의 이상적인 잘못이라는 사실을 증명한다.
생각해 보자...

혹은 네가 말하는 그 여성들이 네 감각의 환상 속 소망을 나타낸다면! 목신이여, 그 환상은 차가운 파란 눈에서 눈물처럼 흘러나오며 사라진다, 가장 순결한 것에서. 그러나, 다른 하나는 온통 한숨뿐이라, 그녀가 아침의 뜨거운 바람처럼 대조적이라 말하는가? 아니다! 고요하고 지친 기절 속에서 더운 열기에 질식하며, 신선한 아침이 싸우면, 그 어떤 물도 내 플루트가 흘리지 않는다면 그 숲 속의 화음 속에 뿌려지지 않는다. 그리고 그 유일한 바람은, 두 개의 관에서 먼저 떠나기 전에 소리가 흩어지는 것을 막으며, 움직이지 않는 수평선에서 주름 하나 없는 평온한 하늘로 돌아가는 영감을 따른 인위적인 숨결이다.

À savoir plus)

※『목신의 오후』는 꿈과 현실을 넘나들며 지나간 사랑을 회상하는 목신의 이야기다. 시란 순수한 아름다움을 향한 지적 노력의 표현이라는 자신의 주장을 암시와 환기의 수법으로 형상화한다. 음악가 드뷔시(Debussy)는 이 시에서 영감을 받아 〈목신의 오후에의 전주곡〉을 작곡해 유명해진다. 드뷔시의 음악을 감상하고 시를 큰 소리로 낭독하기.

3) 랭보 (Arthur Rimbaud)

랭보는 1854년 샤를빌에서 태어나 1891년 마르세이유에서 사망한다. 어린 나이부터 문학적 재능을 보인 랭보는 16세 때부터 시를 쓰기 시작한다. 그의 초기 작품은 낭만주의적 요소가 드러나지만, 점차 상징주의의 선구자적인 역할을 하게 된다. 19세까지 불과 3년간의 문학 생활을 하며 2편의 시집으로 불멸의 명예를 획득한다.

랭보는 17세에 파리로 이주하여 당시 유명한 시인인 폴 베를렌을 만난다. 이미 유부남이었던 베를렌느와의 스캔들 이후 절필하고, 유럽 각지와 중앙아시아, 아프리카에서 방랑하며 지낸다. 아프리카에서는 문학과는 전혀 상관이 없는 상인으로 사업적인 성공을 거두며 세월을 보낸다. 베를렌느는 그를 "바람 구두를 신은 사나이"라고 부른다.

랭보는 만물의 현상과 자신의 오관과의 직접적인 교감을 꾀하는 보들레르의 인식 방법에 동조하며 보들레르를 '제1의 투시자, 시인의 왕'으로 극찬한다. 뒤아멜은 "랭보의 시는 낭만주의–사실주의(고답파)–상징주의–다다이즘–초현실주의의 여정, 즉 근세문학사의 모든 것이 압축되어 있다." 고 평가한다.

랭보는 모든 작품은 20세 이전이 쓰였으며, 대표 작품으로는 베를렌느와의 관계에서 영감을 얻은 『지옥에서의 한 철 *Une saison en Enfer*』(1873), 『일루미나시옹 *Les Illuminations*』(1874)이 있다.

Ma bohème

Je m'en allais, les poings dans mes poches crevées ;
Mon paletot aussi devenait idéal ;
J'allais sous le ciel, Muse ! et j'étais ton féal ;
Oh ! là ! là ! que d'amours splendides j'ai rêvées !

Mon unique culotte avait un large trou.
– Petit-Poucet rêveur, j'égrenais dans ma course
Des rimes. Mon auberge était à la Grande-Ourse.
– Mes étoiles au ciel avaient un doux frou-frou

Et je les écoutais, assis au bord des routes,
Ces bons soirs de septembre où je sentais des gouttes
De rosée à mon front, comme un vin de vigueur ;

Où, rimant au milieu des ombres fantastiques,
Comme des lyres, je tirais les élastiques
De mes souliers blessés, un pied près de mon cœur !

나의 보헤미안

나는 주머니에 구멍이 뚫린 주먹을 쥔 채 걷고 있었다;
내 외투 또한 이상적이 되어갔다;
나는 하늘 아래를 걷고, 뮤즈여! 나는 너의 충실한 제자였다;
아, 저기! 얼마나 많은 찬란한 사랑을 꿈꾸었는가!

내 유일한 바지는 큰 구멍이 뚫려 있었다.
– 꿈꾸는 작은 피터팬처럼, 나는 달리면서 운율을 흩뿌렸다.
내 여관은 큰곰자리가 있었다.
– 하늘의 별들은 부드러운 소리를 내고 있었다.

그리고 나는 그것들을 듣고 있었다, 도로가 옆에 앉아,
그 좋은 9월 저녁, 내 이마에 이슬방울을 느끼며,
그것은 마치 힘을 주는 와인 같았다;

그곳에서, 환상적인 그림자 속에서 운율을 맞추며,
리라처럼 나는 내 상처 입은 구두의 끈을 당겼다,
한 발은 내 마음 가까이에 두고!

À savoir plus)

※ 영화 〈토탈 이클립스〉(아그네츠카 홀란드 감독, 데이빗 듈리스, 레오나르도 디카프리오 주연, 1995)를 보고 랭보와 베를렌느의 삶과 문학적 행보에 대해 토의하기.

4) 베를렌느 (Paul Verlaine)

베를렌느는 1844년 메츠에서 태어나 1896년 파리에서 사망한다. 19세기 비용이라 불린 베를렌느는 대학입학 자격시험을 본 후 시청 공무원으로 일하는 동시에 문학에 매진하며 술을 가까이 하기도 한다. 아내에 대한 사랑으로 영감을 받아 『아름다운 노래 *La Bonne Chanson*』이라는 시집을 내기도 하지만 그의 행복은 길지 않다.

1872년 17세밖에 되지 않은 랭보를 만난 베를렌느는 젊은 아내를 떠나 랭보와 함께 영국과 벨기에에서 유랑생활을 하다 1873년에 파국을 맞이한다. 다툼 끝에 술에 취한 베를렌느는 랭보에게 두 발의 권총을 쏘고 체포되어 2년을 감옥에서 보낸다. 베를렌느는 감옥에서 참회하고 신앙에 귀의하며 새 삶을 살려고 얼마간 노력하지만, 다시 방탕한 생활로 돌아간다.

베를렌느는 1886년 "시학"을 선언하며 '웅변을 붙잡아 목을 비틀어라', '색채가 아니라 뉘앙스를!', '무엇보다도 음악을!'이라는 주장을 내세우며 상징파 시인들의 선구자가 된다. 그의 시는 자유시, 순수시, 전위예술(avant garde)을 드러내는 작품으로 문학적 혁신과 발전에 이바지한다.

그의 대표작으로는 『토성인들의 시 *Poèmes saturniens*』(1866), 『말없는 로맨스 *Romances sans parole*』(1874), 『지혜 *Sagesse*』(1881) 등이 있다. 음악의 수법을 살려 암시와 환기로 환상과 뉘앙스를 추구하는 시법이 잘 드러난 상징주의 시의 대표작들이다.

Chanson d'Automne

Les sanglots longs
Des violons
De l'automne
Blessent mon coeur
D'une langueur
Monotone

Tout suffocant
Et bleme.quand
Sonne l'heure,
Je me souviens
Des jours anciens
Et je pleure:

Et je m'en vais
Au vent mauvais
Qui m'emporte
Deça, delà,
Pareil à la
Feuille morte.

가을의 노래

긴 흐느낌이
가을의 바이올린에서
내 마음을 찔러
단조로운 피로감에
물들게 한다.

숨이 막히고
창백해질 때,
시간이 울려 퍼지면,
나는 옛날을 기억하며
눈물을 흘린다.

그리고 나는 간다,
나를 데려가는
나쁜 바람 속으로,
이리저리,
죽은 잎사귀처럼.

À savoir plus)

※ 보들레르, 랭보와 베를렌느처럼 저주받은 시인이라 지칭되는 시인들에 대해 조사하고 그들이 저주받은 시인이 된 이유에 대해 토의하기.

20세기 프랑스 문학

La Littérature française–XXᵉ siècle

(1) 20세기 개관
1) 에드몽 로스탕 (Edmond Rostand)
2) 아폴리네르 (Apollinaire)
3) 마르셀 프루스트 (Marcel Proust)
4) 앙드레 지드 (André Gide)
5) 앙드레 브르통 (André Breton)
6) 자크 프레베르 (Jacques Prévert)

(2) 양차대전사이 (Entre-deux-guerres)
1) 프랑수아 모리악 (François Mauriac)
2) 장 지로두 (Jean Giraudou)
3) 셀린 (Louis-Ferdinand Céline)
4) 앙드레 말로 (André Malraux)
5) 사르트르와 실존주의 (Sartre et Existentialisme)
6) 알베르 카뮈 (Albert Camus)
7) 생텍쥐페리 (Antoine de Saint-Exupéry)

(3) 1950년 이후
1) 누보로망 (Nouveau Roman)
2) 부조리극 (Théâtre de l'absurde))
3) 사무엘 베케트 (Samuel Beckett)
4) 마르셀 파뇰 (Marcel Pagnol)
5) 장 지오노 (Jean Giono)
6) 마르그리트 뒤라스 (Margritte Duras)
7) 미셸 투르니에 (Michel Tournier)

20세기 프랑스문학
(La Littérature française–XXe siècle)

(1) 20세기 개관

20세기가 시작되는 1900년부터 제1차 세계대전이 시작되기 전인 1914년 사이에는 영화와 자동차, 전기와 같은 새로운 과학, 기술이 발전하고 그 결과물을 소유하고 누리는 시대다. 발전과 진보의 전시장인 만국박람회가 런던과 파리와 같은 대도시에서 개최되며, 신문물을 전시하고 향유하는 시대가 도래한다. 신문과 스포츠의 발달은 물론 여가 생활을 즐기는 사람들이 증가하며, 환상과 긍정주의의 시대가 되어 사람들은 이 시대를 아름다운 시대, 즉 '벨에포크'(Belle époque)라고 부른다.

당시 파리는 전 세계의 중심이고 프랑스는 번영과 평화를 누린다. 그리고 그 중심에는 부르주아들이 있다. 벨에포크는 부르주아들이 자신의 성공과 성취에 자신감과 긍지를 느꼈던 시대다. 사교계에서는 드미몽드(Le demi-monde, le tout Paris)라는 말이 생기는데 뒤마 피스의 소설에서 유래된 용어로 사교계에 기생하는 여성 및 이들과 교제하는 남성들의 세계를 말한다. 주로 막심(Maxime's)에서 저녁을 먹고 파리의 숲을 산책하며 자동차를 운전하고 몽마르뜨(Mont-Martyr)의 카바레와 무도회를 즐긴다. 뚤루즈-로트렉(Toulouse Lautrec)은 벨에포크 시대를 누비며 물랭-루즈(Moulin-Rouge)에서 이런 아가씨들과 신사들의 그림을 즐겨 그린다.

프랑스 국내적으로는 사회주의의 확산 및 '드레퓌스 사건'으로 인한 정신적 위기가 생기기도 한다. 극우와 극좌의 저속한 일면과 대립이 발생하고 정의와 이성을 지상으로 삼는 합리주의적 입장을 중요시하는 지식인들의 중요한 사상적 대립이 드러난다.

국제적인 사건으로는 "모로코 사변"이 발생한다. 모로코의 정치적, 경제적 이권을 둘러싼 프랑스, 독일 간의 대립으로 프랑스의 보호령으로 일단락됐으나 프랑스, 독일 간의 민족적 대립을 불러일으킨다. 점차 식민지를 둘러싼 영국, 러시아, 오스트리아 등 서구 열강의 갈등과 대립이 시작하는 시기다.

사상계에서는 실증주의 계승자들과 베르그송의 사상이 두각을 드러낸다. 과학과 이성의 권능을 신봉하는 실증주의자들에 맞서 베르그송은 지능의 한계를 선언하고 직관의 힘을 빌려 물질에 예속되고 합리주의의 틀 안에 갇혀 있는 정신을 해방하여 '창조적 진화'의 자발성을 정립하고자 한다. 이성 지상에 생명의 힘을 재인식시키고자 한다. 종교계에서는 파스칼에 대한 재검토를 필두로 내적 체험의 중요성이 대두되고 기독교에 옹호적인 분위기가 형성된다.

영화(Le cinéma) 장르가 새롭게 등장한다. 1895년 파리의 그랑 카페(Grand Café)에서 뤼미에르 형제(Les frères de Lumières)가 첫 유료 영화인 〈라 시오타역에 도착하는 기차 L'Arrivé d'un train en gare de la Ciotat〉를 상연한 이후 프랑스는 영화의 종주국이 된다. 시네마토그라프(Cinématographe)라는 촬영기와 영사기가 결합된 영화기계를 발명한 뤼미에르 형제는 이후 영화의 아버지라 불리게 된다. 그리고 멜리에스(Méliès, 1861~1938)는 뤼미에르 형제의 기술에 이야기를 불어넣고 공상과학적 요소를 더해 영화 산업을 발전시킨다.

이 시기에는 19세기와 마찬가지로 수많은 최고 수준의 문학가들이 등장한다.

1) 에드몽 로스탕 (Edmond Rostand)

낭만주의 이후의 연극(le théâtre après le romantisme) 혹은 신낭만주의 연극 중 가장 성공을 거둔 작품은 에드몽 로스탕의 『시라노 드 베르주라크 *Cyrano de Bergerac*』(1897)이다. 19세기 후반부 많은 연극 작품이 무대에 올랐지만, 오늘날까지 흥미를 끄는 작품은 거의 없다. 소설과 마찬가지로 풍속을 묘사하거나 동시대 사회를 연극에 반영시키는 작품보다는 유쾌하고 가벼운 연극이 인기를 끈다. 제2제정하에서는 노래와 춤이 있는 가벼운 희곡인, 보드빌(vaudevilles)이 유행한다.

에드몽 로스탕은 1868년 마르세이유에서 태어나 1916년 파리에서 사망한다. 그는 1897년 17세기에 실존했던 귀족의 이름을 가져온 『시라노 드 베르주라크』를 발표해 대성공을 거둔다. 이 작품은 19세기 후반에 가장 성공한 신낭만주의 연극으로 평가받으며 프랑스뿐 아니라 전 유럽과 미국에서도 큰 사랑을 받는다.

에드몽 로스탕의 연극은 현란한 작시법으로 희극과 정념을 능숙하게 배합하고 속도감 있는 전개를 펼쳐 당시 자연주의와 상징주의의 음울한 극에 식상해 있던 관객들에게 신선한 충격을 주며 큰 인기를 얻는다. 『시라노 드 베르주라크』는 프랑스 국민은 물론 드골 대통령도 가장 좋아하는 연극이라고 언급한 작품일 뿐 아니라 현재에도 영화, 드라마 등 수많은 문화콘텐츠를 양산해 내는 작품이다. 그의 다른 대표작으로는 『새끼 독수리 *L'Aiglon*』가 있는데 이 작품으로 여배우 사라 베른하르트가 명성을 얻는다.

시라노는 훌륭한 인품을 지닌 기사지만, 긴 코로 인해 사랑하는 사람에게 직접 사랑을 고백하지 못한다. 그가 사랑한 록산느는 자신이 사랑한 크리스티앙의 얼굴 아래 시라노의 영혼을 사랑했음을 깨닫게 된다는 가슴 아픈 이야기다. 시라노는 신낭만주의의 전설과도 같은 주인공이 된다.

『시라노 드 베르주라크』 줄거리: 이야기는 17세기에 벌어진다. 시라노 드 베르주라크는 열렬하고 섬세한 영혼을 가진 훌륭한 기사다. 그런데 신체적으로 터무니없이 긴 코를 가지고 있어서 심한 콤플렉스를 가진 사내이기도 하다. 시라노는 사촌인 록산느를 사랑하지만, 자신의 못생긴 외모 때문에 사랑을 고백하지 못한다.

록산느는 아름다운 상속녀이자 프레시외즈(précieuse)다. 그녀는 어느 날 잘생긴 크리스티앙을 만나 사랑에 빠지고 그와 연애편지를 주고받는다. 그녀는 시라노에게 같은 부대에 있는 크리스티앙을 보호해달라고 요청하며 시라노는 자신의 연적인 크리스티앙과 친구가 된다. 그리고 편지 쓰는 데 자신이 없어 하는 크리스티앙을 대신해 록산느에게 보내는 연애편지를 대신 써준다. 그러던 중 크리스티앙이 전투에서 사망한다.

록산느는 크리스티앙을 추모하기 위해 수도원에 들어가고 시라노는 그녀를 만나기 위해 매주 수도원을 방문한다. 시라노가 죽기 직전에야 록산느는 시라노의 비밀을 알게 된다. 록산느는 크리스티앙의 얼굴 아래 시라노의 영혼을 사랑했음을 깨닫는다.

Extrait de *Cyrano*

(...)

Vous aimer est folie quand on a mon visage.
La nature chez moi a raté son ouvrage,
N'offrant à vos regards qui sont un pur délice

Que l'indélicatesse d'un nasal appendice.
Mais le cœur ne peut se complaire à la raison
Et se plait à rêver d'une douce illusion :
Que l'être tant aimé, celui qui vous est cher,
Ne voit que l'émotion et non le bout de chair.
Je vous aime en secret depuis le premier jour
Et je frémis d'espoir, souhaitant qu'à leur tour,
De ce que je vous dis, vos lèvres adorées
Me rendent un écho qui serait un baiser.

Combien de fois tremblant, de peur de vous déplaire,
J'ai choisi de souffrir en préférant me taire.
Faisant le mauvais choix, j'étouffais de douleur
A ne vouloir jamais laisser parler mon cœur.
Mais l'heure est arrivée de déclarer ma flamme
A l'être cher pour qui je donnerais mon âme.
L'élégance eut été de vous le confesser
De vive voix bien sûr, et non sur un billet.
Qu'importe le moyen pour peu que je le dise :
Je vous aime à mourir, mais de façon exquise,
Car pourrait-on rêver destin plus merveilleux
Que d'être naufragé dans l'éden de vos yeux…
Je frissonne d'émoi et sens monter la fièvre
A la seule pensée du dessin de vos lèvres…
Tout mon corps est transi au son de votre voix
Et je m'évanouis de peur quand je vous vois.
Pardonnez l'émotion de celui qui vous aime…

(...)

제 얼굴을 가진 사람이 당신을 사랑한다는 것은 미친 짓입니다.
자연은 저에게 실수했고,
당신의 눈에 즐거움을 줄 수 있는 것은
단지 코에서 튀어나온 불쾌한 돌출부일 뿐입니다.
하지만 마음은 이성에 굴복할 수 없고,
달콤한 환상에 빠져듭니다.
사랑하는 사람이, 당신이 소중히 여기는 사람이,
당신의 감정을 보고, 육체를 보지 않는다는 환상.
저는 처음 만난 그날부터 비밀리에 당신을 사랑해 왔습니다,
그리고 이제 제 입에서 나오는 이 말이 당신의 입술에서
저에게 사랑의 입맞춤이 되어 돌아오길 바라며 희망에 떨고 있습니다.

당신을 실망시킬까 두려워 떨며
내가 침묵을 선택하며 고통을 겪은 것이 몇 번인지 모릅니다.
잘못된 선택을 하며 나는 고통 속에서 숨을 죽였습니다.
내 마음이 결코 말을 하지 않기를 바랐기 때문입니다.
하지만 이제는 내 불꽃을 선언할 시간이 왔습니다.
내 영혼을 바칠 만큼 사랑하는 그대에게.
우아했던 방법은 아마 직접 고백하는 것이었겠지만,
물론 목소리로, 편지로가 아닌.
어떤 방법이든 중요하지 않습니다, 내가 그것을 말할 수만 있다면.
나는 당신을 죽을 만큼 사랑합니다, 그러나 아주 고상하게,
사람은 누구도 당신의 눈 속 에덴에서 난파하는
더 멋진 운명을 꿈꿀 수 있을까요...
나는 떨며, 당신의 입술이 그려지는 것만 생각해도 열이 오릅니다...
당신의 목소리 소리에 내 온몸은 얼어붙고
당신을 볼 때마다 나는 두려움에 사라질 것 같습니다.
그대를 사랑하는 자의 감정을 용서해 주세요...

À savoir plus)

※ 장 폴 라프노 감독의 영화 〈시라노〉(제라르 드파르디외, 안느 브로쉐 주연, 1990)를 감상하고 누군가와의 사랑이 이뤄지기 위해서 가장 중요한 것은 무엇인지에 대해 생각하고 토의하기.

※ 문학 작품, 혹은 영화에서 '편지'가 사랑의 중요한 매개체 역할을 하는 작품을 찾아보고 발표하기.

2) 아폴리네르 (Apollinaire)

귀스타브 아폴리네르(Gustave Apollinaire)는 1880년 로마에서 태어나 1918년 독감으로 파리에서 사망한다. 아폴리네르의 어머니는 폴란드 출신의 귀족 가문 출신이며 아버지는 미상이다. 아폴리네르는 어린 시절에 프랑스로 이주하며, 파리에서 자라 프랑스 국적을 갖게 된다. 그는 프랑스의 시인, 예술 평론가, 그리고 문학적 혁신가로, 20세기 초 모더니즘 문학과 예술의 중요한 인물 중 하나로 꼽힌다. 그는 특히 초현실주의와 다다이즘 운동에 영향을 미친 시인으로 알려져 있으며, 그의 작품은 실험적이고 혁신적인 스타일로 주목받는다.

아폴리네르는 1900년대 초, 파리의 문학과 예술계에 빠르게 등장하면서 그를 둘러싼 유명한 아방가르드 예술가들과 교류를 시작한다. 그의 시들 중에서 칼리그램(Calligrammes)이라는 실험적인 형태의 시들도 등장한다. 그는 문자와 시각적인 형태를 결합하여 새로운 표현 방식을 모색하며, 이를 통해 예술의 새로운 언어를 창조하고자 한다. 기술과 정신 분석학의 발달은 시인들에게 새로운 영역을 탐구하게 한다. 아폴리네르는 과거와의 단절의 필요성을 인식한 첫 번째 시인으로 시에 파격적인 자유로운 형식을 도입하며 입체파 화가들과 초현실주의에 지대한 영향을 끼친다.

『알콜 *Alcools*』(1913)은 그의 대표작으로, 그 안에는 사랑, 전쟁, 사회적 현실, 현대적 고뇌 등 다양한 주제가 담겨 있으며 아폴리네르의 독창적이고 혁신적인 스타일을 잘 보여준다. 『알콜』은 랭보의 『술 취한 배 *le Bateau ivre*』의 제목을 참고한 시집으로 〈미라보 다리 Le Pont Mirabeau〉, 〈사랑받지 못한 자의 노래 La chanson du mal-aimé〉와 같은 유명한 시가 포함된 시집이다. 랭보의 천재성과 베를렌느의 타고난 서정을 겸비한 시인으로 평가된다.

Le Pont Mirabeau

Sous le pont Mirabeau coule la Seine
Et nos amours
Faut-il qu'il m'en souvienne
La joie venait toujours après la peine

Vienne la nuit sonne l'heure
Les jours s'en vont je demeure

Les mains dans les mains restons face à face
Tandis que sous
Le pont de nos bras passe
Des éternels regards l'onde si lasse

Vienne la nuit sonne l'heure
Les jours s'en vont je demeure

L'amour s'en va comme cette eau courante
L'amour s'en va
Comme la vie est lente
Et comme l'Espérance est violente

Vienne la nuit sonne l'heure
Les jours s'en vont je demeure

Passent les jours et passent les semaines
Ni temps passé
Ni les amours reviennent
Sous le pont Mirabeau coule la Seine

Vienne la nuit sonne l'heure
Les jours s'en vont je demeure

미라보 다리

미라보 다리 아래, 세느 강이 흐르고
우리의 사랑도
내가 기억해야 할까요
기쁨은 항상 괴로움 뒤에 찾아왔죠

밤이 오고 시간이 울리면
날들은 지나가고 나는 남아있어요

손을 맞잡고 얼굴을 마주하며
우리가 있는 그곳에서
우리 팔 아래,
끝없는 눈빛들이 지쳐 흐르는 물처럼 지나가죠

밤이 오고 시간이 울리면
날들은 지나가고 나는 남아있어요

사랑은 흘러가는 이 물처럼 떠나가고
사랑은 떠나가요
인생은 얼마나 느리게 가는지
그리고 희망은 얼마나 강렬한지

밤이 오고 시간이 울리면
날들은 지나가고 나는 남아있어요

날들이 지나가고, 주간들이 지나가면
흐른 시간도
사랑도 돌아오지 않아요
미라보 다리 아래, 세느 강이 흐르죠

밤이 오고 시간이 울리면
날들은 지나가고 나는 남아있어요

IL PLEUT

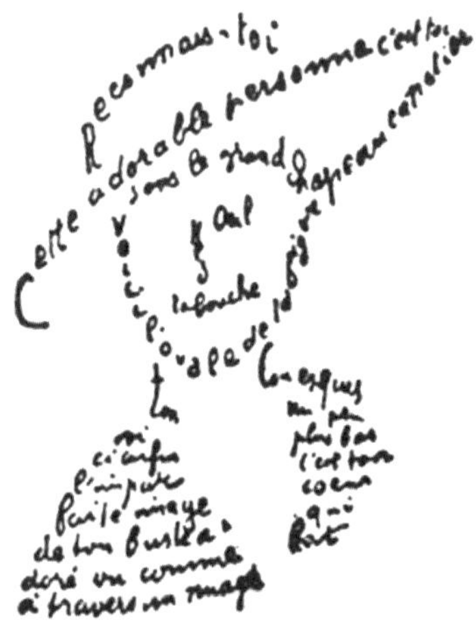

Le portrait de Lou (Caligramme)

À savoir plus)

※ 아폴리네르의 〈칼리그램〉 시들을 찾아보고 문자와 시각적인 결합을 하는 칼리그램 시를 만들기.

※ 미라보 다리에 얽힌 아폴리네르와 마리 로랑생의 사랑과 이별에 대해 알아보고, 파리의 센느 강에 있는 유명한 다리들에 대해 조사, 발표하기

3) 마르셀 프루스트 (Marcel Proust)

프루스트는 1871년 파리에서 태어나 1922년 파리에서 사망한다. 그의 아버지, 아리안 프루스트는 유명한 의사이며, 어머니, 로자 프루스트는 그의 작품에 큰 영향을 미친다. 프루스트는 부유한 가정에서 자라지만, 어린 시절부터 건강이 좋지 않아 많은 시간을 집에서 보내며 책을 읽거나 글을 쓰며 지낸다. 프루스트는 파리의 고등학교에서 교육을 받고, 이후 수학과 철학을 공부하며 대학 생활을 보낸다. 그러나 프루스트는 전통적인 학문적 경로보다는 문학과 예술에 더 큰 관심을 가지며, 이 시기부터 문학적 열정을 키우며 점차 자신의 작가로서의 길을 가게 된다.

프루스트는 초기에는 시와 에세이를 쓰기 시작하지만, 본격적으로 작가의 명성을 얻은 것은 그의 대작인 『잃어버린 시간을 찾아서 *À la recherche du temps perdu*』(1913-1927)를 통해서다. 이 작품은 7권으로 이루어져 있으며, 첫 번째 권인 『스완네 집 쪽으로 *Du côté de chez Swann*』가 1913년에 출판된다. 이후 『꽃핀 아가씨들 그늘에서』, 『게르망트 쪽』, 『소돔과 고모라』, 『갇힌 여인』, 『사라진 알베르틴』, 『되찾은 시간』 순으로 출간된다. 프루스트는 방대하지만 동시에 치밀한 이 작품 안에서 깊이 있는 심리적 탐구와 내면의 독백 기법을 사용해 시간, 기억, 인간관계와 같은 주제를 심도 있게 다룬다.

프루스트는 어린 시절부터 건강이 좋지 않았으며 그의 건강 문제는 성인이 된 후에도 지속된다. 그는 천식과 같은 질환으로 자주 고통을 겪기 때문에 사회적 활동을 거의 하지 않고 대부분 시간을 집에서 보내며 집필 활동을 한다. 프루스트는 주로 부르주아와 귀족 사교계의 가벼움과 스노비즘을 묘사한다.

그의 글쓰기 방법은 소설의 발전에 결정적 영향을 끼치는데 문학에서 최초로 주인공이 자신의 과거에 관심을 갖고, 글쓰기의 필요성을 느끼게 된 현재까지의 의식의 흐름(l'histoire d'une conscience)을 쫓는 과정을 분석하고 이야기하기 때문이다. 이런 프루스트의 글쓰기 특징을 "주관적 사실주의"라고 부른다. 프루스트식 이야기는 줄거리나 행동에 중점을 두는 게 아니라 주관적 시간에 있다. 즉 화자가 사건을 바라보는 관점이 중요하다.

그렇기에 『잃어버린 시간을 찾아서』는 절대로 벗어날 수 없는 시간 속에서 변해가는 자아, 끊임없이 변모하는 자아의 단절, 삶이란 결국 변모와 망각으로 죽어가는 자아의 일부임을 자각한다. 안절부절못하며 질베르트를 그리워하던 마르셀이 시간이 흐르자, 사랑이 식고 관심조차 가지지 않을 정도로 변모한 경우처럼. 또한 마들렌느 과자의 추억과 같은 의도치 않은 "추억 souvenir"들이 과거와 현재의 자아에 통일성을 부여하며 초월하게 한다. 프루스트는 이것들을 마치 대성당(comme une cathédrale)처럼 자신이 가진 추억의 거대한 건축물(l'édifice immence du souvenir)로 세우고자 한다. 프루스트의 소설은 사회묘사, 정신분석학적, 자서전적, 문학 에세이적 요소들을 모두 담은 소설로 소설 중의 소설(le roman d'un roman)이라고 불리며, 작가로서의 사명을 발견(la découverte d'une vocation)하는 작품으로도 여겨진다.

프루스트는 예술비평에서도 두각을 나타내는데 쌩트-뵈브가 작품은 작가 삶의 반영임을 중시한 비평을 한다면, 프루스트는 작품은 작품 그 자체로 비평해야 한다고 주장하며 현대 비평의 길을 연다.

『잃어버린 시간을 찾아서』 줄거리: 전체 7편으로 구성된 『잃어버린 시간을 찾아서』의 주인공은 나, 마르셀이다. 1인칭 고백 형식으로 주인공의 시선을 따라 이야기가 전개된다. 예민한 공상가인 나는 사교계에 드나들며 사회적 명성이나 연애에 대한 회의를 느낀다.

그러다 우연히 마들렌 과자를 먹다가 무의식적으로 과거의 기억을 떠올리고 자신이 가야 할 길을 찾게 된다. 『잃어버린 시간을 찾아서』의 1부 1권인 『스완네 집 쪽으로』는 스완과 그의 부인인 오데트의 연애담을 서술하는 것으로 시작한다.

스완은 유명한 예술 애호가이고 오데트는 행실에 대한 소문이 있는 부인이다. 그 둘은 베르뒤랭 부인의 살롱에서 만난다. 베르뒤랭 부인의 살롱은 주로 부유한 부르주아들이 모이는 살롱이고 귀족들이 모이는 게르망트 공작부인의 살롱과 함께 소설의 주요 배경이 되는 장소다. 스완은 처음에는 오데트에게 반하지 않지만, 그녀가 자신을 속이고 다른 남자를 만난다는 의심에 엄청난 질투를 느낀다. 스완은 사랑이 식었을 때 오데트와 결혼하게 된다. (...)

Extrait de *Du côté de chez Swann*

Il y avait déjà bien des années que, de Combray, tout ce qui n'était pas le théâtre et le drame de mon coucher n'existait plus pour moi, quand un jour d'hiver, comme je rentrais à la maison, ma mère, voyant que j'avais froid, me proposa de me faire prendre, contre mon habitude, un peu de thé. Je refusai d'abord et, je ne sais pourquoi, je me ravisai. Elle envoya chercher un de ces gâteaux courts et dodus appelés Petites Madeleines qui semblaient avoir été moulés dans la valve rainurée d'une coquille de Saint-Jacques. Et bientôt, machinalement, accablé par la morne journée et la perspective d'un triste lendemain, je portai à mes lèvres une cuillerée du thé où j'avais laissé s'amollir un morceau de madeleine. Mais à l'instant même où la gorgée mêlée des miettes du gâteau toucha mon palais, je tressaillis, attentif à ce qui se passait d'extraordinaire en moi. Un plaisir délicieux m'avait envahi, isolé, sans la notion de sa cause. Il m'avait aussitôt rendu les vicissitudes de la vie indifférentes, ses désastres inoffensifs, sa brièveté illusoire, de la même façon qu'opère l'amour, en me remplissant d'une essence précieuse : ou plutôt cette essence n'était pas en moi, elle était moi. J'avais cessé de me sentir médiocre, contingent, mortel. D'où avait pu me venir cette puissante joie ? Je sentais qu'elle était liée au goût du thé et du gâteau, mais qu'elle le dépassait infiniment, ne devait pas être de même nature. (...)

콩브레에서, 내가 취침하는 순간이 더 이상 연극이나 드라마가 아니게 된 지 이미 수년이 지난 후, 어느 겨울날, 집에 도착했을 때 어머니께서는 내가 추워하는 것을 보고 평소 내 습관은 아니지만 내게 차를 마시자고 권하셨습니다. 처음에는 거절했지만, 이유는 알 수 없지만, 나는 마음을 바꿨습니다. 어머니는 '프티트 마들렌'이라고 불리는, 성게 껍질의 홈에 주형을 만든 듯한, 작고 통통한 케이크 하나를 가져오게 했습니다. 그리고 곧, 기계적으로, 우울한 하루와 슬픈 내일의 전망에 압도되어, 나는 마들렌 조각이 녹아든 차 한 숟가락을 입에 가져갔습니다. 그러니 그 순간, 그 케이크의 부스러기가 섞인 한 모금이 내 입천장에 닿았을 때, 나는 내 안에서 일어나는 비범한 일에 주의를 기울이며 몸을 떨었습니다. 나를 가득 채운 것은 기묘하고도 기분 좋은 즐거움이었고, 그 즐거움은 그 원인을 알 수 없었으며, 그것은 곧 나를 인생의 고난에 무관심하게 만들었습니다. 인생의 재난은 아무런 해가 없고, 그 짧음은 허망하게 여겨졌으며, 사랑이 작용하는 방식처럼 나를 귀한 본질로 채웠습니다. 아니, 이 본질은 나 안에 있는 것이 아니라, 내가 바로 그 본질이었습니다. 나는 더 이상 미약하고, 우연적이고, 죽을 존재로 느끼지지 않았습니다. 이 강력한 기쁨은 어디에서 온 걸까? 나는 그것이 차와 케이크의 맛과 관련이 있다는 것을 느꼈지만, 그 맛을 훨씬 초과하는 어떤 것이었고, 그 성격이 다를 것임을 알았습니다. (...)

À savoir plus)

※『잃어버린 시간을 찾아서』에서 가장 중요한 것은 시간이라고 할 수 있다. 주인공인 '나'는 자신과 주변 인물들이 시간 앞에서 흘러가는 존재라고 생각한다. 인생이란 곧 잃어버린 시간이다. 프루스트는 이런 시간의 파괴력을 이길 수 있는 것은 바로 예술이라고 주장한다. 프루스트의 의견에 대해 어떻게 생각하는가?

4) 앙드레 지드 (André Gide)

앙드레 지드는 1869년 파리에서 태어나 1951년 파리에서 사망한다. 그는 엄격한 신교 가정에서 자라나 11세에 법학 교수였던 아버지를 여읜다. 편모슬하에서 몸이 허약한 탓에 너무 세심한 가족의 구속 가운데 성장한다. 앙드레 지드는 어린 시절부터 외사촌 누이인 마들렌느를 사랑하고 이후 결혼과 불화를 겪게 되는데, 이런 상황은 〈좁은 문〉의 배경이 되기도 한다. 22세 때 알제리 여행을 통해 육체적 해방을 경험하며 태양과 쾌락에 도취해 어머니 슬하에서 받아온 타율과 구속과 체면의 모랄을 벗어던진다. 지드는 순결과 금욕적인 모랄에 좌절한 태도를 보여주고, 그것이 지배하는 부르주아 세계와 문명에서의 탈출을 시도한다.

내부 갈등에서 외부 세계로 눈을 돌린 지드는 상서와 부동산을 팔아 아프리카 내륙 콩고로 떠나 냉혹한 식민시 정책에 반대한다. 공산당 활동에도 큰 영향력을 끼치지만, 기대에 찼던 모스크바 여행에서 실망 후 공산당 반대로 돌아선다. 앙드레 지드는 서재의 모랄리스트가 아닌 행동가이기를 원한다. 구속과 금지의 모랄이 가지는 타율성을 거부하고 편견과 자기기만을 배척하는 자발성(spotanéité)을 중요시한다. 자유롭고 자율적인 자기 판단과 양심에 충실한 성실성(sincérité)의 확립을 추구한다. 자발성과 성실성에 기반을 둔 지드의 구속 없고 편견 없는 비판 정신은 20세기의 정신적 분위기와 스타일에 큰 영향을 미친다.

대표작으로는 부르주아 모랄에 갇혀 있던 젊은이들에게 새로운 탈출구를 제시한 작품으로 주목을 받은 『지상의 양식 *Les Nourriture terrestres*』(1897) 외에도 『좁은 문 *La Porte étroite*』(1909), 『전원교향곡 *La Symphonie pastorale*』(1919), 『사전꾼들 *Les faux Monnayeurs*』(1925) 등이 있다. 앙드레 지드는 1947년에 노벨문학상을 수상한다.

『지상의 양식』 줄거리: 『지상의 양식』은 일반적인 소설 형식이 아닌 주인공인 '나'라는 인물이 메날끄(Ménalque)에게 보내는 서신을 통해 '나'의 감정과 경험을 공유하는 구조다.

'나'는 그동안 삶에서 만났던 중요한 사람들과의 다양한 경험에 대해 메날끄에게 이야기한다. 그동안의 경험과 사색, 교훈은 자신의 삶을 풍요롭게 만들었으며 더욱 가치 있게 했음을 메날끄에게 전하며 그에게 최대한 인생을 즐기고 자유롭게 살아가라고 당부한다.

Extrait des *Nourritures terrestres*

Jette mon livre; dis-toi bien que ce n'est là qu'une des milles postures possibles en face de la vie. Cherche la tienne. Ce qu'un autre aurait aussi bien fait que toi, ne le fais pas. Ce qu'un autre aurait aussi bien dit que toi, ne le dis pas, – aussi bien écrit que toi, ne l'écris pas. Ne t'attache en toi qu'à ce que tu sens qui n'est nulle part ailleurs qu'en toi-même, et crée de toi, impatiemment ou patiemment, ah! le plus irremplaçable des êtres.

내 책을 던져라; 이것이 삶에 맞닥뜨렸을 때 가능한 천 가지 자세 중 하나일 뿐이라는 것을 분명히 해 두어라. 너만의 자세를 찾아라. 다른 사람이 너처럼 해도 좋았을 일을 하지 마라. 다른 사람이 너처럼 말해도 좋았을 말을 하지 마라, – 너처럼 쓴다면 그 말을 쓰지 마라. 오직 너 안에서만 느끼는 것에만 집중하고, 인내심을 가지고 또는 성급하게, 아! 가장 대체 불가능한 존재가 되도록 만들어라.

À savoir plus)

※ 위의 문장에서 말하는 "너만의 자세"는 무엇인지 토의하기.

※ 지드가 말하는 "가장 대체 불가능한 존재가 되라"를 각자 적용해 보고, 자신만의 독창성에 대해 생각하고 발표하기.

5) 앙드레 브르통 (André Breton)

앙드레 브르통은 1896년 파리에서 태어나 1966년 파리에서 사망한다. 그는 20세기 프랑스 초현실주의(Surréalisme)를 대표하는 시인이자 평론가다.

초현실주의는 1916년, 루마니아의 시인 트리스탄 짜라(Tristan Tzara)가 주도한 다다이즘(Dadaism) 운동에서 시작된다. 다다이즘은 제1차 세계대전의 충격적이고 비합리적인 현실에 대한 반발로, 기존의 모든 미적 기준을 거부하고 무의미하고 난해한 예술을 통해 비이성적인 현실을 드러내고자 한다. 다다이즘은 철저히 논리와 질서를 부정하고 혼돈과 무의미를 강조한다. 이 과정에서 앙드레 브르통을 중심으로 형성된 초현실주의 운동은 다다이즘의 즉흥적이고 난잡한 요소에서 벗어나, 더 구체적이고 이론적인, 철학적인 방향으로 자리매김한다.

1924년, 브르통은 초현실주의 선언을 발표하며 본격적으로 초현실주의 운동을 정의한다. 그는 꿈, 무의식, 상상력, 자동기술법(자동 글쓰기), 그리고 일상의 통상적인 제약을 넘어서려는 시도를 강조한다. 초현실주의자는 무의식적 사고를 통해 일상적인 현실을 넘어서며, 새로운 형태의 진리를 추구한다. 그들은 '자동기술법'을 통해 자아의 억제된 감정이나 의식적 필터를 거치지 않은 순수한 언어나 이미지를 창출하려 하는데 이 방법은 시나 글을 쓸 때 의도적으로 자아의 개입을 최소화하고, 무의식적으로 떠오르는 생각이나 이미지를 자연스럽게 기록하는 방식을 의미한다.

초현실주의 운동은 다양한 예술 분야에 영향을 미쳤으며, 이 운동의 핵심 인물들은 그 이론과 창작 방식을 확립하는 데 중요한 역할을 한다. 루이 아라공(Louis Aragon)과 엘뤼아르(Eluard)는 브르통과 함께 초현실주의를 이끌었으며, 때로 마르크시즘과 결합하여 사회적 참여를 강조하는 시를 작성한다. 특히 아라공은 초현실주의 문학뿐만 아니라 정치적, 사회적 참여를 강조한 작품을 남긴다.

초현실주의는 시뿐만 아니라 그림, 영화, 건축 등 다양한 예술 분야에 영향을 끼친다. 기존의 이성적이고 질서 있는 세계관을 넘어서 무의식적이고 감성적인 세계를 탐구하는 예술적 운동이었으며, 이는 문학과 예술의 경계를 확장하고 새로운 창조적 방법을 제시한다.

***Du Rêve* (d'André Breton)**

Mais la lumière revient
Le plaisir de fumer
L'araignée-fée de la cendre à points bleus et rouges
N'est jamais contente de ses maisons de
Mozart
La blessure guérit tout s'ingénie à se faire reconnaître je parle et sous ton visage tourne le cône d'ombre qui du fond des mers a appelé les perles
Les paupières les lèvres hument le jour
L'arène se vide
Un des oiseaux en s'envolant
N'a eu garde d'oublier la paille et le fil
A peine si un essaim a trouvé bon de patiner
La flèche part
Une étoile rien qu'une étoile perdue dans la fourrure de la nuit

꿈에 대하여

하지만 빛이 돌아오고
담배를 피우는 즐거움
푸른 점과 붉은 점의 재에서 나온 거미-요정은
모차르트의 집들에 결코 만족하지 않는다
상처는 치유되고, 모든 것이 스스로 인식되기를 시도한다
나는 말하고, 너의 얼굴 아래에는
바다의 깊은 곳에서 진주를 부른 그 그림자 원뿔이 돌고 있다
눈꺼풀과 입술은 낮을 흡입한다
경기는 비어가고
날아오르는 새 한 마리는
짚과 실을 잊지 않도록 조심했다
겨우 하나의 별 떼가 얼음 위를 미끄러지기 시작했다
화살이 날아간다
별 하나, 오직 하나의 별이
밤의 모피 속에 잃어버렸다

À savoir plus)

※ 초현실주의 운동이 살바도르 달리(Salvador Dalí)의 그림, 루이스 부뉘엘(Luis Buñuel)의 영화 등에서 어떻게 표현되는지 조사하고 발표하기.

6) 자크 프레베르 (Jacques Prévert)

시인이자 시나리오 작가인 자크 프레베르는 1900년 프랑스의 뇌이-쉬르-센에서 태어나 1977년 노르망디의 오몽빌-라-프티트에서 사망한다. 15세에 학교를 그만둔 그는 영화 관련 일을 하는 아버지를 따라 공연장과 극장을 자주 드나든다.

1925년에 초현실주의 운동에 가담하며 앙드레 브르통과 교류하지만, 나중에는 초현실주의자들과 뜻을 달리하고 영화에 집중한다. 초현실주의 감독으로 알려진 마르셀 카르네(Marcel Carné) 감독의 〈안개 낀 부두 *Le Quai des Brumes*〉(1938), 애니메이션 감독인 폴 그리모 감독과 병상에서 마지막까지 전력을 기울였던 〈왕과 새 *Le roi et l'oiseau*〉(1980) 등 프랑스 영화사에 길이 남을 작품들을 남긴다.

가난한 어린 시절을 보내고 "대중의 시인"으로 불리길 원한 자크 프레베르는 어느 시인보다 더 대중에게 다가가고 그들을 위한 시를 쓰기를 원한다. 시집 『말 *Les Paroles*』(1945)이 큰 성공을 거두며 그만큼 대중의 많은 사랑을 받게 된다.

Les feuilles mortes

Oh ! je voudrais tant que tu te souviennes
Des jours heureux où nous étions amis.

En ce temps-là la vie était plus belle,
Et le soleil plus brûlant qu'aujourd'hui.
Les feuilles mortes se ramassent à la pelle.
Tu vois, je n'ai pas oublié...
Les feuilles mortes se ramassent à la pelle,
Les souvenirs et les regrets aussi
Et le vent du nord les emporte
Dans la nuit froide de l'oubli.
Tu vois, je n'ai pas oublié
La chanson que tu me chantais.

C'est une chanson qui nous ressemble.
Toi, tu m'aimais et je t'aimais
Et nous vivions tous les deux ensemble,

Toi qui m'aimais, moi qui t'aimais.
Mais la vie sépare ceux qui s'aiment,
Tout doucement, sans faire de bruit
Et la mer efface sur le sable
Les pas des amants désunis.
(...)

오! 네가 기억하길 바란다
우리가 친구였던 행복한 날들을.
그때는 삶이 더 아름다웠고,
오늘보다 태양이 더 뜨겁고 강했다.
죽은 잎들은 삽으로 모은다.
봐, 나는 잊지 않았어...
죽은 잎들은 삽으로 모은다,

추억과 후회도 마찬가지로
그리고 북풍이 그것들을 휩쓸어
잊혀진 차가운 밤 속으로 날린다.
봐, 나는 잊지 않았어
네가 나에게 불러주던 노래를.

그것은 우리를 닮은 노래다.
너는 나를 사랑했고, 나는 너를 사랑했으며,
우리는 둘이서 함께 살았다,

너는 나를 사랑했고, 나는 너를 사랑했으며.
하지만 삶은 사랑하는 이들을 떼어놓는다,
조용히, 아무 소리 없이
그리고 바다는 모래 위에
헤어진 연인들의 발자국을 지운다. (...)

Déjeuner du matin

Il a mis le café
Dans la tasse
Il a mis le lait
Dans la tasse de café
Il a mis le sucre dans le café au lait
Avec la petite cuiller il a tourné
Il a bu la café au lait
Et il a reposé la tasse
Sans me parler
Sans me regarder

Il a allumé une cigarette
Il a fait des ronds avec la fumée
Il a mis les cendres dans le cendrier
Sans me parler
Sans me regarder
Il s'est levé
Il a mis son chapeau sur sa tête
Il a mis son manteau de pluie
Parce qu'il pleuvait
Et il est parti sous la pluie
Sans me parler
Sans me regarder
Et moi j'ai pris ma tête dans ma main
Et j'ai pleuré.

아침 식사

그는 커피를
컵에 넣었다
그는 우유를
커피컵에 넣었다
그는 설탕을 커피에 넣고
작은 숟가락으로 저었다
그는 커피를 마셨다
그리고 컵을 놓았다
나에게 말하지 않고
나를 바라보지 않고
그는 담배를 피웠다

연기로 원을 그리며
재를 재떨이에 넣었다
나에게 말하지 않고
나를 바라보지 않고
그는 일어났다
모자를 머리에 썼다
비가 오고 있었기 때문에
비를 맞으며 떠났다
나에게 말하지 않고
나를 바라보지 않고
그리고 나는 손에 머리를 감고
울었다.

À savoir plus)

※ 〈고엽〉을 부른 각 나라 버전을 찾아 들어보고, 이브 몽탕 버전을 따라 부르기.

※ 〈아침 식사〉 시를 각색한 다양한 콘텐츠를 조사하고, 드라마의 한 장면처럼 팀을 이루어 연기하기.

(2) 양차대전사이(Entre-deux-guerres)

세계 대전으로 인해 이전의 가치들이 혼란스러워진 문학가 중 대다수는 사회적, 심리학적, 종교적, 철학적 사색을 통해 새롭게 가야 할 길을 모색한다.

1915년 노벨 문학상을 수상한 로맹 롤랑(1866~1944)은 1904년부터 1912년에 걸쳐 『장 크리스토프 *Jean-Christophe*』라는 그의 가장 유명한 소설을 발표한다. 이 작품은 10권의 대하소설(roman-fleuve)로 심리학적 분석이 탁월한 작품으로 한 음악가의 삶을 가정적, 사회적으로 조명하며 마치 거대한 화폭에 옮겨 담은 것 같은 작품이다.

세계 대전으로 영적 불안감이 상승하면서 모리악과 베르나노스(1888~1948)와 같은 가톨릭 소설가들은 악에 맞서고 있다는 인식과 더불어 그들의 구원을 찾고자 노력한다.

생-텍쥐페리와 말로, 까뮈 같은 작가는 영웅적인 행동에 의미를 두며 세상의 미래에 참여하고 있다는 의식과 더불어 인간 조건이 갖고 있는 부조리를 극복하고 책임감에 기초한 새로운 휴머니즘을 개척하는 작품들을 발표한다.

장 지오노 같은 작가는 단순하고 시적인 필체를 통해서 자연에서 구원을 찾고자 한다.

1) 프랑수아 모리악 (François Mauriac)

프랑수아 모리악은 1885년 보르도의 상류층 가정에서 태어나 1970년 파리에서 사망한다. 그는 파스칼과 라신느를 공부하며 정열과 신앙의 갈등, 애욕과 은총의 충돌에 대해 고민한다. 신앙을 잃은 인간의 비참한 고독과 유혹 등을 탁월한 심리 묘사, 작품구조와 문체를 통해 그린다.

모리악의 작품은 종종 도덕적, 종교적 문제를 중심으로 전개되며, 인간 존재의 고뇌와 갈등을 그린다. 주로 심리적 갈등과 인간 내면의 복잡성을 탐구한 작품을 발표한다. 또한, 프랑스 사회와 그 당시의 정치적 현실을 비판적으로 묘사하는 경향이 있다. 보수 진영의 양심을 대변하는 인물로도 손꼽히며 1952년 노벨문학상을 수상한다.

그의 대표작 중 하나인 『테레즈 데케루 Thérèse Desqueyroux』(1927)는 인간의 갈등과 자아를 깊이 파헤친 작품으로, 모리악 문학의 핵심적인 특성을 잘 보여준다. 이 소설은 가톨릭 사회 속에서 살아가는 여성 테레즈의 내면을 중심으로, 결혼과 가족, 그리고 사회적 억압에 대한 고뇌를 그린다. 테레즈는 결혼생활에서 자유를 억압당하며, 결국 남편을 독살하려는 범죄를 저지르게 되지만, 그녀의 행위는 단순한 범죄로 끝나는 것이 아니라, 자신이 속한 사회적, 도덕적 제약과의 싸움을 의미한다. 『테레즈 데케루』

는 인간 내면의 갈등을 섬세하게 묘사하며, 사회적 제약 속에서 개인의 자유와 욕망을 추구하는 인물의 이야기를 통해 모리악의 독특한 세계관을 엿볼 수 있는 작품이다.

À savoir plus)

※『테레즈 데케루』에 나오는 다음 대사에 대해 토의하기
"Les êtres nous deviennent supportables dès que nous sommes sûrs de pouvoir les quitter. 우리는 그들을 떠날 수 있다는 확신이 들 때 비로소 그들이 견딜 만해진다."

※ 졸라의『테레즈 라캥』과 모리악의『테레즈 데케루』에 나오는 두 테레즈의 공통점과 차이점을 조사하고 발표하기

2) 장 지로두 (Jean Giraudou)

지로두는 1882년 파리에서 태어나 2차 세계 대전 중인 1944년 파리에서 사망한다. 그는 국제법을 공부하고 프랑스 외교부에서 근무하면서, 여러 나라에서 외교적 경험을 쌓는다. 이 경험은 그의 작품에 영향을 미쳐, 특히 인간의 복잡한 심리와 외교적 갈등을 묘사하는 데 중요한 역할을 한다. 그는 제1차 세계대전 중에도 활동하고, 전후에는 프랑스 문학계에서 두각을 나타낸 외교관이자, 극작가, 소설가다.

『트로이 전쟁은 일어나지 않으리 *La guerre de Troie n'aura pas lieu*』(1935)는 장 지로두의 가장 유명한 연극 작품 중 하나로, 트로이 전쟁을 배경으로 한 현대적 해석을 제시한다. 이 작품은 고대 그리스 신화를 현대적이고 풍자적인 관점으로 풀어낸 작품이다. 특히 제2차 세계대전의 발발을 앞두고 쓰인 이 연극은 전쟁의 비극적이고 어리석은 본질을 신랄하게 비판하며, 지로두 특유의 풍자와 예리한 통찰을 보여준다.

『트로이 전쟁은 일어나지 않으리』의 줄거리: 트로이 전쟁을 일으킬 계기가 되는 헬레네와 파리스의 이야기에서 시작된다. 트로이의 왕자 파리스는 스파르타의 왕비 헬레네를 사랑하게 되며, 그녀를 트로이로 데려가기로 결심한다. 이에 따라 스파르타의 왕 멜레아그로스는 분노하고, 전쟁이 불가피하게 일어날 상황이 된다.

그러나 작품은 고대 신화의 전개를 그대로 따르지 않고, 등장인물들이 전쟁을 막으려는 시도를 보여준다. 헬레네와 파리스는 전쟁을 피하려는 갈등을 겪고, 트로이 왕 프리암과 스파르타 왕 멜레아그로스도 전쟁을 피할 방법을 모색한다. 특히, 트로이의 지도자들은 전쟁을 일으키는 것의 비극성을 인식하며, 이 모든 상황이 인간의 감정과 욕망에서 비롯되었음을 자각한다.

이 연극은 전쟁을 막으려는 여러 등장인물의 고뇌와 노력을 그리지만, 결국 전쟁은 막을 수 없음을 깨닫게 되며, 인간의 어리석고 비합리적인 본성을 묘사한다.

Extrait de *la guerre de Troie n'aura pas lieu*

- La guerre de Troie n'aura pas lieu, Cassandre !
- Je te tiens un pari, Andromaque.
- Cet envoyé des Grecs a raison. On va bien le recevoir. On va lui envelopper sa petite Hélène, et on la lui rendra.
- On va le recevoir grossièrement. On ne lui rendra pas Hélène et la guerre de Troie aura lieu.

– 트로이 전쟁은 일어나지 않을 거야, 카산드라!

– 내기하자, 안드로마크.

– 이 그리스의 사자가 옳아. 우린 그를 잘 맞이할 거야. 그 작은 헬렌을 감싸서 그에게 돌려줄 거야.

– 우리는 그를 무례하게 맞이할 거야. 헬렌을 돌려주지 않을 거고, 트로이 전쟁은 일어날 거야.

À savoir plus)

※『트로이 전쟁은 일어나지 않으리』는 그리스 신화에 나오는 트로이 전쟁을 현대적으로 재해석한 작품으로 신화 속 인물들이 그대로 나온다. 신화 속 인물들과 지로두의 작품 속 인물들을 찾아 서로 비교하고 공통점과 차이점에 관해 설명하기.

※『트로이 전쟁은 일어나지 않으리』는 제2차 세계대전 발발을 앞두고 쓰였기 때문에, 전쟁의 무의미함과 인간의 비합리성에 대한 경고의 메시지가 담겨 있는 작품이다. 트로이 전쟁을 앞둔 등장인물들의 다양한 태도에 대해 토의하기.

3) 셀린 (Louis-Ferdinand Céline)

셀린은 1894년 파리 근처 쿠르브부아에서 태어나 1961년 뫼동에서 사망한다. 그는 20세기 프랑스 문학의 중요한 인물로, 특히 혁신적인 문체와 인간 존재의 비극적인 면을 탐구한 작품들로 널리 알려져 있다. 의사로서 군의관 활동을 하던 중 제1차 세계 대전과 그 후의 사회적 상황을 직접 겪으면서, 그의 작품에는 전쟁의 참상, 절망, 고통 등이 깊이 반영되어 있다.

셀린은 인간 존재에 대한 냉소적인 시각과 극단적인 사회 비판을 작품에 녹여내며 그의 문체적 특징은 빠르고 속도감 있는 격렬한 문장이다. 그의 작품은 종종 논란을 불러일으켰지만, 그만큼 문학사에서 중요한 위치를 차지하고 있다. 셀린은 1932년에 그의 대표작인 『밤의 끝으로의 여행 *Voyage au bout de la nuit*』을 발표한다.

『밤의 끝으로의 여행』 줄거리: 소설은 알랭이 제1차 세계 대전 중에 군의관으로 참전하면서 시작된다. 전쟁의 참혹한 현실을 목격한 그는 인간 존재의 의미에 대해 의문을 갖기 시작한다. 전쟁 후, 알랭은 프랑스로 돌아와 다양한 직업을 전전하며 삶의 부조리와 고통을 경험하게 된다. 병원에서 의사로 일하는 동안에는 인간의 고통과 무의미함을 더욱 깊이 느낀다.

알랭은 식민지 아프리카로 가게 되는데, 그곳에서 경험하는 인간의 비참함과 사회적 부조리는 그를 더욱 절망적으로 만든다. 아프리카에서의 경험 후, 그는 다시 프랑스로 돌아오지만, 그곳에서도 사회와 인간관계의 위선과 부패를 목격한다. 알랭은 여행을 통해 끊임없이 인간의 고통과 부조리, 그리고 그에 대한 자신의 반응을 탐색하며, 사회와 인간을 냉소적으로 바라보게 된다.

그는 "불멸의 자유"를 원하지만, 그것이 실현되지 않음을 깨닫고, 자신이 처한 상황에서 벗어날 수 없음을 인정한다. 알랭의 삶은 외로움과 절망에 가득 차 있으며, 그는 자신의 처지를 비관적으로 바라보지만, 그런데도 계속해서 살아간다.

Extrait de *Voyage au bout de la nuit*

Voyager c'est bien utile, ça fait travailler l'imagination. Tout le reste n'est que déceptions et fatigues. Notre voyage à nous est entièrement imaginaire. Voilà sa force. Il va de la vie à la mort. Hommes, bêtes, villes et choses; tout est imaginé. C'est un roman, rien qu'une histoire fictive. Littré le dit, qui ne se trompe jamais.

Et puis d'abord tout le monde peut en faire autant. Il suffit de fermer les yeux.

C'est de l'autre côté de la vie.

여행은 정말 유용하다, 상상력을 일하게 만든다. 나머지는 모두 실망과 피로에 지나지 않는다. 우리들의 여행은 전적으로 상상 속의 여행이다. 그것이 강점이다. 그것은 삶에서 죽음으로 가는 여행이다. 사람들, 동물들, 도시들, 사물들; 모든 것이 상상이다. 그것은 소설, 그저 가상의 이야기일 뿐이다. 절대로 틀리지 않는 리트레 사전이 밝힌다.

그리고 우선, 누구나 그만큼 할 수 있다. 눈만 감으면 된다.

그것은 삶의 저편에 있다.

À savoir plus)

※『밤의 끝으로의 여행』속 알랭은 인간 존재의 부조리와 고통 속에서도 살아가야 한다는 현실을 받아들이며 소설은 끝난다. 이 결말에 대해 어떻게 생각하는가?

4) 앙드레 말로 (André Malraux)

앙드레 말로는 1901년 파리에서 태어나 1976년 크레테유에서 사망한다. 그는 생텍쥐페리와 같은 행동적 휴머니즘을 추구한 작가이며 그의 작품은 모랄을 추구하는 소설(le roamn en quête de morale)로 구분된다. 말로의 전 생애는 20세기 세계사와 연결되어 있고 그의 작품과도 연결되어 있다는 점에서 문학사에서 유래를 찾기 힘든 작가라고 할 수 있다. 그는 고고학 탐사대의 일원으로 라오스를 탐사하고, 중국과 스페인 내전에도 참여하고 2차 세계 대전에도 참여하며, 드골 정부에서는 문화부 장관을 역임한다.

제1차 세계대전을 겪은 뒤 더 심각해진 철학적 니힐리즘은 거의 수습할 수 없는 무정부 상태와 같았고 이런 1920년대의 유럽 지성인의 절망은 앙드레 말로를 행동주의로 몰고 간다. 앙드레 말로는 신을 잃은 인간의 불안과 절망이 필연적으로 '인간의 운명과 죽음'에 대해 집중하게 한다고 여기며 모험적 행동의 추구와 예술철학을 탐구한다. 그의 대표작인 『인간의 조건 *La condition humaine*』(1933)은 20세기 걸작 중 하나로 평가된다.

『인간의 조건』 줄거리: 『인간의 조건』은 장제스와 공산당이 군벌을 토벌하기 위해 국공합작을 하기도 하고 이념 차이로 분열하기도 하는 1927년 4월 상하이가 시간적, 공간적 배경이다. 장제스의 공산당에 대한 쿠데타에 몇 명의 이상주의자들은 타협하라는 공산주의파 지시를 거부한 채 국민당

군에 맞선다. 이러한 상황 속에서 등장인물들은 순간순간 자신의 운명을 선택할 수밖에 없는 실존적 상황에 놓이게 된다.

주인공 기요는 베이징 대학 교수였던 프랑스인 아버지와 일본인 어머니 사이에서 태어난 낭만적 지식인이다. 그는 핍박받는 중국 인민을 위해 자신을 바치기로 결심하고 혁명의 대열에 뛰어든다. 상하이 폭동을 주도한 그는 결국 체포되고 모진 고문을 받다 육체의 나약함에 회의를 느끼며 청산가리를 먹고 자살한다. 다른 등장인물인 첸은 과격한 테레리스트로, 기요가 대중들과의 연대를 통해 혁명을 완수하려고 한 것과 달리 적과 동지의 이분법으로 시대에 저항하는 고독한 성격이다. 장제스 암살을 시도하다 실패하고 현장에서 죽음을 맞이한다. 또 다른 주인공인 카토프는 러시아인으로 체포된 후 동료들과 증기기관차의 불길 속에 던져질 운명에 처한다. 이때 카토프는 공포에 떠는 동료에게 청산가리를 양보하고 자신은 잔인하게 불에 타 죽는 것을 선택해 마치 순교자와 같은 모습을 보여준다.

앙드레 말로는 죽음으로써 인간의 조건을 뛰어넘고자 했던 주인공들의 고민과 행동을 통해 인간의 가능성과 위대함을 묘사한다.

À savoir plus)

※『인간의 조건』에 나오는 다음 문장에 대해 생각 나누기

"한 사람을 만들려면 아홉 달이 필요하지만, 죽이는 데는 하루로 족해. 우리는 그걸 뼈저리게 깨달은 셈이지. 그러나 메이, 한 인간을 완성하는 데는 아홉 달이 아니라 60년이라는 세월이 필요해. 그런데 그 인간이 다 만들어졌을 때, 이미 유년기도 청년기도 다 지난 한 인간이 되었을 때, 그때는 이미 죽는 것밖에 남지 않은 거란다."

5) 사르트르와 실존주의 (Sartre et Existentialisme)

장-폴 사르트르는 1905년 파리에서 태어나 1980년 파리에서 사망한다. 그는 참여 문학, 행동하는 철학을 대표하며 실존주의 철학을 대표하는 철학자이자 작가이다.

실존주의(Existentialisme)의 가장 큰 특징은 "실존이 본질을 앞선다. L'existence précède l'essence."는 개념이다. 실존주의는 신의 죽음, 내지 신의 침묵을 출발점으로, 세계와 인생의 우발성과 허망함, 인간적인 고뇌(angoisse)를 표현한다. 낙천적인 합리주의 또는 이상주의의 거짓 확신을 배격한다. 절망을 인식하고 그 절망을 넘어 새로운 휴머니즘의 길을 개척한다. 그러나 타자의 자유가 나의 전적인 자유에 걸림돌이 되며 나의 선택은 타인에게 영향을 끼치므로 이 두 가지를 염두에 두며 행동(action)과 참여(engagement)를 해야 한다고 주장한다.

대표작으로는 『구토 *la Nausée*』(1938), 『존재와 무 *L'Être et le Néant*』(1943), 『말 *Les Mots*』(1963) 등이 있다. 1964년 노벨문학상 수상자로 선정됐지만 수상을 거부한다.

『구토』의 주인공인 앙투안 루캉탱은 어느 날 자신의 존재에 대해 불쾌감을 느끼고, 세계와의 단절감을 경험한다. 이 소설은 구토라는 심리적 상태를 통해 인간 존재의 부조리와 자유의 무게를 탐구하며, 인간이 세계에서 자신의 존재를 어떻게 받아들이고 마주할 것인지에 대한 문제를 제기하는, 실존주의 사상의 기초를 담고 있다.

『존재와 무』는 사르트르의 철학적 저서로, 실존주의와 형이상학적 접근을 중심으로 인간 존재를 분석한다. 이 존재와 무의 관계를 탐구하며, 인간이 자신을 정의하는 방식과 그 과정에서 겪는 갈등을 심층적으로 다룬다. 사르트르는 인간 존재가 본질적으로 자유롭고, 이 자유가 인간에게 무한한 선택과 그로 인한 책임을 부여한다고 주장한다.

『말』은 사르트르의 자서전으로, 자신의 어린 시절과 청소년기의 기억을 통해 자아를 형성해 가는 과정을 그린 작품이다. 그는 문학과 철학을 결합하여 자기 삶과 철학적 여정을 풀어내며 사르트르가 어떻게 철학자이자 작가로 성장했는지를 보여준다.

Extrait de la *Nausée*

Je suis libre : il ne me reste plus aucune raison de vivre, toutes celles que j'ai essayées ont lâché et je ne veux plus en imaginer d'autres. Je suis encore assez jeune, j'ai encore assez de forces pour recommencer. Mais que faut-il recommencer ? Combien, au plus fort de mes terreurs, de mes nausées, j'avais compté sur Anny pour me sauver, je le comprends seulement maintenant. Mon passé est mort, M. de Rollebon est mort, Anny m'est revenue que pour m'ôter tout espoir. Je suis seul dans cette rue blanche que bordent les jardins. Seul et libre. Mais cette liberté ressemble un peu à la mort.

나는 자유롭다: 더 이상 살 이유가 없다. 내가 시도했던 모든 이유는 다 사라졌고, 이제는 다른 이유를 상상하고 싶지도 않다. 나는 아직 젊고, 다시 시작할 힘도 충분히 남아 있다. 하지만 무엇을 다시 시작해야 할까? 내 모든 공포와 구토가 가장 극심할 때, 나는 애니가 나를 구해줄 것이라고 믿었었다는 것을 이제야 깨달았다. 내 과거는 죽었고, 롤르봉 씨는 죽었으며, 애니는 나에게 모든 희망을 앗아가기 위해 돌아왔다. 나는 이 하얀 거리에서 혼자다. 정원이 늘어선 그 거리에서. 혼자이고 자유롭다. 하지만 이 자유는 죽음과 조금 닮아있다.

À savoir plus)

※ 다음 문장에 대해 토의하기. "우리는 타인과 세계와의 관계, 선택, 그리고 자유를 사용하는 방식에 의해 인간이 된다.
On devient homme par sa relation à autrui et au monde, par ses choix et la façon dont on use de sa liberté."

※ 사르트르와 시몬느 드 보부아(Simone de Beauvoir, 1908~1986)의 관계에 대해 알아보고『제2의 성 Le Deuxième Sexe』이 페미니즘에 끼친 영향력에 대해서 토의하기.

6) 알베르 카뮈 (Albert Camus)

카뮈는 1913년 알제리에서 태어나 1960년 교통사고로 사망한다. 카뮈의 아버지는 제1차 세계대전에서 전사하고, 어머니는 그를 홀로 키우며 어려운 환경에서 자란다. 이러한 가난한 성장 배경은 카뮈의 작품에 큰 영향을 준다.

카뮈의 대표작은 『이방인 *L'Etranger*』(1942), 『시지프의 신화 *Le Mythe de Sisyphe*』(1942), 『페스트 *La Peste*』(1947) 등이 있다.

『이방인』은 카뮈의 가장 유명한 작품으로 인간 존재의 부조리와 무의미를 탐구한다. 주인공인 뫼르소는 무심하게 어머니의 장례식에 참석하고, 이후 아무런 이유 없이 사람을 죽인 뒤 재판을 받게 된다. 뫼르소의 태도는 '부조리' 철학의 대표적인 예로, 그는 사회적 규범이나 감정을 따르지 않고 자신의 삶을 살아가는 인물로, 이 작품은 인간 존재의 부조리와 의미 없는 삶을 대조하며 실존주의 철학을 탐구하는 대표적인 작품이다.

『페스트』는 알제리의 오랑에서 발생한 페스트 전염병을 중심으로 이야기가 펼쳐진다. 이 작품은 전염병이라는 극단적인 상황을 통해 인간 존재와 사회적 연대의 의미를 탐구하며, 인간의 고통과 연대, 윤리적 책임에 대해 고찰한다. 카뮈는 이 작품을 통해 부조리와 인간의 도덕적 선택을 다루고, 인류가 처한 도덕적 위기와 고뇌를 그린다.

『시지프 신화』는 카뮈의 철학적 에세이로, '부조리'라는 개념을 중심으로 인간 존재의 의미를 탐구한다. 카뮈는 그리스 신화 속 시지프의 이야기를 통해 인간이 마주하는 무의미한 반복적 삶의 상황을 설명하며, 이러한 삶을 어떻게 받아들이고 살아갈 것인가에 대한 철학적 고민을 제시한다. 카뮈는 '부조리'를 인간 존재의 핵심적인 조건으로 보고, 이 부조리를 받아들이는 것이 인간의 자유를 찾는 길이라고 주장한다.

카뮈의 주인공은 인간과 세계의 무의미와 근원적인 부조리 속에 살며 감각에만 의지하다 홀연 그 부조리(absurdité) 앞에 '각성'하고, 그 반응으로 반항(révolte)을 제시한다. 인간의 조건을 받아들이거나 반항을 통해 행복을 찾아야 하며, 반항은 죽음 혹은 니힐리즘을 극복할 수 있는 가치로 여긴다. 카뮈는 연대(solidarité)야말로 인간의 삶에 의미를 부여해 줄 수 있다는 신념을 가지며 새로운 휴머니즘의 길을 보여준다. 그는 1957년 노벨문학상을 수상한다.

Extrait de *l'Etranger*

J'ai pensé que je n'avais qu'un demi-tour à faire et ce serait fini. Mais toute une plage vibrante de soleil se pressait derrière moi. J'ai fait quelques pas vers la source. L'Arabe n'a pas bougé. Malgré tout, il était encore assez loin. Peut-être à cause des ombres sur son visage, il avait l'air de rire. J'ai attendu. La brûlure du soleil gagnait mes joues et j'ai senti des gouttes de sueur s'amasser dans mes sourcils. C'était le même soleil que le jour où j'avais enterré maman et, comme alors, le front surtout me faisait mal et toutes ses veines battaient ensemble sous la peau. À cause de cette brûlure que je ne pouvais plus supporter, j'ai fait un mouvement en avant. Je savais que c'était stupide, que je ne me débarrasserait pas du soleil en me déplaçant d'un pas. Mais j'ai fait un pas, un seul pas en avant. (...) C'est alors que tout a vacillé. La mer a charrié un souffle épais et ardent. Il m'a semblé que le ciel s'ouvrait sur toute son étendue pour laisser pleuvoir du feu. Tout mon être s'est tendu et j'ai crispé ma main sur le revolver. La gâchette a cédé, j'ai touché le ventre poli de la crosse et c'est là, dans le bruit à la fois sec et assourdissant, que tout a commencé. J'ai secoué la sueur et le soleil. J'ai compris que j'avais détruit l'équilibre du jour, le silence exceptionnel d'une plage où j'avais été heureux. Alors, j'ai tiré encore quatre fois sur un corps inerte où les balles s'enfonçaient sans qu'il y parût. Et c'était comme quatre coups brefs que je frappais sur la porte du malheur.

나는 반 바퀴만 돌면 끝날 것이라고 생각했다. 하지만 햇볕에 반짝이는 넓은 해변이 내 뒤에서 밀려들고 있었다. 나는 그쪽으로 몇 걸음 내디뎠다. 아랍인은 움직이지 않았다. 그럼에도 불구하고 그는 아직도 꽤 멀었다. 아마도 얼굴의 그림자 때문일까, 그는 웃고 있는 듯 보였다. 나는 기다렸다. 태양의 뜨거움이 내 뺨을 타고 퍼져갔고, 나는 이마에서 땀이 방울져 쌓이는 것을 느꼈다. 그것은 어머니를 묻었던 날과 같은 태양이었다. 그때처럼 특히 이마가 아프고, 그곳의 모든 정맥이 피부 아래에서 함께 뛰고 있었다. 더 이상 참을 수 없는 그 뜨거움 때문에, 나는 앞으로 나아갔다. (...) 그때 모든 것이 흔들렸다. 바다는 두텁고 뜨거운 숨결을 밀어냈다. 나는 하늘이 온통 열려 불이 내리쬐는 것처럼 보였다. 내 모든 존재가 긴장했고, 나는 리볼버를 쥔 손을 움켜잡았다. 방아쇠가 당겨졌고, 나는 총기의 매끈한 손잡이를 만졌고, 그곳에서, 마른 소리와 동시에 울려 퍼지는 소리 속에서 모든 것이 시작되었다. 나는 땀과 태양을 떨쳐냈다. 나는 내가 그날의 균형을 무너뜨렸다는 것을, 내가 행복했던 그 해변의 특별한 고요함을 깨뜨렸다는 것을 깨달았다. 그리곤 나는 네 번 더, 움직이지 않는 몸을 향해 총을 쐈고, 총알은 전혀 겉으로 드러나지 않은 채 깊숙이 박혔다. 그리고 그것은 마치 불행의 문을 두드리는 네 번의 짧은 타격처럼 느껴졌다.

À savoir plus)

※ 『이방인』에서 알 수 있는 실존주의와 부조리 개념을 주제로 토의하기.

※ 카뮈가 말하고자 하는 인간의 조건과 반항에 대해 토의하기.

7) 생텍쥐페리 (Antoine de Saint-Exupéry)

생텍쥐페리는 1900년 6월 29일 프랑스 리옹에서 태어나 1944년 7월 31일, 제2차 세계 대전 중, 지중해 상공에서 비행 중 실종된다. 생텍쥐페리는 비행기의 조종사로서 남다른 경험을 쌓았으며, 그 경험은 그의 대표작들에 고스란히 녹아 있다. 그의 작품은 대부분 그의 비행 경험과 그가 느낀 인간 존재의 고독, 그리고 인간 간의 관계와 연대가 주요한 주제다.

비행사로서의 경험을 바탕으로 한 그의 작품들은 인간의 고독과 꿈, 사랑과 우정의 중요성을 강조한다. 생텍쥐페리는 작품에서 인간 존재와 삶의 의미, 우주적 고독, 그리고 인류애를 깊이 탐구한다. 생텍쥐페리의 작품은 인간 존재의 진정성과 상상력, 사랑의 본질을 탐구하는 철학적 메시지를 담고 있다. 대표작으로는 『야간비행 *Vol de Nuit*』(1931), 『인간의 대지 *Terre des Hommes*』(1939), 『어린 왕자 *Le Petit Prince*』(1943) 등이 있다.

『어린 왕자』 줄거리: 화자인 비행사는 사막에 불시착한 후, 우연히 양 한 마리를 그려달라는 어린 왕자를 만나게 된다. 어린 왕자는 자신이 살던 작은 별의 장미와 바오밥 나무에 대해, 그리고 자신의 방문한 별들과 그곳에서 만난 어른들에 관해 이야기한다. 첫 번째로 만난 사람은 왕국을 다스린다는 왕이었고, 그 후에는 권력에 집착하는 사람, 술에 취한 사람, 사업가, 점성가, 불빛을 켜는 사람 등 여러 특이한 인물들을 만났다. 이들 어른은 모두 어떤 형태로든 허상과 집착에 갇혀 있으며, 어린 왕자는 그들을 이해하지 못한다. 그가 만난 마지막 인물은 지구에 살고 있는 비행사다.

어린 왕자는 지구에서 정원에 가득 핀 장미꽃을 보고, 자신의 장미가 특별하지 않다고 생각해서 운다. 그러다 여우를 만나 우정과 사랑의 의미를 배우게 된다. 여우는 “가장 중요한 것은 눈에 보이지 않는다”라고 말하며, 본질적인 것들은 눈으로는 볼 수 없다는 중요한 교훈을 전한다. 보물을 숨긴 고택의 웃음소리처럼, 사막 한 가운데 숨겨져 있는 우물의 낡은 도르래 소리가 주는 의미를 알게 된 어린 왕자는 자기 장미꽃이 정원에 피어 있는 수많은 장미꽃과는 다르다는 것을 깨닫게 된다.

어린 왕자는 결국 사막에서 만난 금빛 뱀의 도움으로 지구에서의 삶을 떠나 자신의 별로 돌아가기로 결심한다. 그의 마지막 순간은 비행사와의 이별이며, 비행사는 그를 떠나보내고 비행기 수리를 무사히 마친다. 이후 하늘을 바라보며 별들의 웃음소리를 기대하고 어린 왕자를 그리워한다.

Extrait du *Petit Prince*

Le renard se tut et regarda longtemps le petit prince:

-S’il te plaît... apprivoise-moi ! dit-il.

-Je veux bien, répondit le petit prince, mais je n’ai pas beaucoup de temps. J’ai des amis à découvrir et beaucoup de choses à connaître.

-On ne connaît que les choses que l’on apprivoise, dit le renard. Les hommes n’ont plus le temps de rien connaître. Ils achètent des choses toutes faites chez les marchands. Mais comme il n’existe point de marchands d’amis, les hommes n’ont plus d’amis.

Si tu veux un ami, apprivoise-moi !

-Que faut-il faire ? dit le petit prince.

-Il faut être très patient, répondit le renard. Tu t’assoiras d’abord un peu loin de moi, comme ça, dans l’herbe. Je te regarderai du coin de l’oeil et tu ne diras rien. Le langage est source de malentendus. Mais, chaque jour, tu pourras t’asseoir un peu plus près...

Le lendemain revint le petit prince.

-Il eût mieux valu revenir à la même heure, dit le renard. Si tu viens, par exemple, à quatre heures de l'après-midi, dès trois heures je commencerai d'être heureux. Plus l'heure avancera, plus je me sentirai heureux. A quatre heures, déjà, je m'agiterai et m'inquiéterai; je découvrirai le prix du bonheur! Mais si tu viens n'importe quand, je ne saurai jamais à quelle heure m'habiller le coeur. Il faut des rites.

여우는 말을 멈추고 어린 왕자를 오래도록 바라보았다.
제발... 나를 길들여 줘! 라고 말했다.
나는 좋지만, 시간이 많지 않아요. 나는 친구들을 만나고, 많은 것들을 알아야 해요.
우리가 아는 것은 우리가 길들인 것들뿐이야, 여우가 말했다. 사람들은 더 이상 아무것도 알 시간이 없어. 그들은 상인에게서 완성된 물건들을 사지. 하지만 친구를 파는 상인은 없기 때문에, 사람들은 더 이상 친구가 없어.
내가 친구가 되고 싶다면, 나를 길들여줘!
어떻게 해야 하나요? 어린 왕자가 말했다.
아주 인내심을 가져야 해, 여우가 대답했다. 먼저 나와 조금 떨어져 풀밭에 앉아. 나는 너를 옆눈으로 볼 거고, 너는 아무 말도 하지 않을 거야. 언어는 오해를 낳기 때문이지. 하지만 매일 조금씩 더 가까이 앉을 수 있을 거야...
다음 날, 어린 왕자는 다시 왔다.
같은 시간에 오는 게 더 좋았을 텐데, 여우가 말했다. 예를 들어 네가 오후 4시에 온다면, 나는 3시부터 행복해지기 시작할 거야. 시간이 갈수록 나는 더 행복해질 거야. 4시가 되면 나는 벌써 들떠서 걱정하기 시작할 거고, 나는 행복의 값을 알게 될 거야! 하지만 네가 아무 때나 오면, 나는 언제 마음을 준비해야 할지 모를 거야. 의식이 필요해.

À savoir plus)

※『어린 왕자』는 어린이와 어른 모두에게 깊은 인생의 교훈을 전하며, 사랑과 우정, 상상력의 중요성을 강조한다. 특히 어린 왕자가 만나는 인물들은 인간 사회의 허위와 집착, 고독을 상징하며, 작품은 단순한 동화의 형식을 취하고 있지만 깊은 철학적 메시지를 담고 있다.

작품에 등장하는 인물들뿐 아니라 양, 뱀, 여우와 같은 동물들이 상징하는 이미지와 장미가 상징하는 이미지에 대해 서로의 생각 나누기.

※『어린 왕자』는 음악, 뮤지컬, 영화, 애니메이션, 테마파크 등 다양한 문화콘텐츠로 각색, 제작된다. 원소스멀티유스(OSMU) 활용의 예를 조사하고 직접 콘텐츠를 제작하기.

(3) 1950년 이후

1) 누보로망 (Nouveau Roman)

누보로망은 1950년대 프랑스 문학에서 등장한 새로운 소설 양식으로, 전통적인 소설 형식에 대한 비판적 태도를 바탕으로 발전한다. 이 문학적 혁명은 기존의 서사적 전통, 등장 인물의 심리 묘사, 사건의 전개 방식 등에 대한 근본적인 의문을 제기하며, 소설의 형식 자체를 탈피하려는 시도로 나타난다. 전통적인 이야기 구조나 선형적 전개에 얽매이지 않고, 독자에게 고정된 해석을 강요하지 않는, 오히려 불확정적이고 모호한 방식으로 이야기를 풀어낸다. 누보로망은 안티로망(Anti-Roman) 혹은 비소설(Non-Roman)이라고 불리기도 하며, 이는 전통적 소설의 고정된 규칙에 대한 거부를 상징한다. 이 소설 양식은 인물의 내면적 사고보다는 외부의 사건이나 상황, 단편적인 이미지, 그리고 언어 자체에 집중하며 독자의 해석을 유도한다. 또한 누보로망은 인물들 간의 관계와 사건의 진행보다는 시간, 공간, 그리고 언어적 실험을 강조하는 특징을 지닌다.

나탈리 사로트(Nathalie Sarraute, 1902~1999)는 누보로망의 선구자로, 그녀의 작품은 인간의 내면을 탐구하는 방식으로 유명하다. 그녀는 전통적인 서사 방식을 부정하고, 인물 간의 대화나 사건 진행이 아닌, 감정과 심리의 미세한 변화를 다룬다. 대표작인『굴성 *Tropisms*』(1963)은 사람들의 행동과 말 속에 숨겨진 무의식적 동기들을 묘사하며, 새로운 서사 기법을 실험한다.

알랭 로브그리에(Alain Robbe-Grillet, 1922~2008)는 영화감독, 소설가, 각본가로 활약했으며『질투 *La Jalousie*』(1957)와 같은 작품을 통해 평단의 지지를 받으며 정통적 소설의 기법과 관습을 파괴한 새로운 스타일의 누보로망이라는 새로운 문학적 경향을 대표하는 인물이 되었다.

미셸 뷔토르(Michel Butor, 1926~2016)는 소설의 전개 방식을 실험적인 형식으로 바꾸며, 독자에게 끊임없이 의문을 던지는 작품을 쓴다. 그의 대표작인 『변형 *La Modification*』(1957)은 주인공이 파리에서 로마로 기차를 타고 이동하면서 자신의 내면을 탐구하는 과정을 그리며, 시간이 흐름에 따라 변하는 시점을 통해 독자에게 새로운 경험을 선사한다. 그의 작품은 시간, 공간, 인물 간의 관계를 비선형적으로 제시하는 특징을 보여준다.

À savoir plus)

※ 20세기에 들어서면서 대학을 비롯해 평단에서 문학비평이 이론화되고 발전한다. 비평 이론(Les théories critiques)과 관련 20세기 비평에는 몇 가지 뚜렷한 지적 양상이 드러난다. 다음에 소개하는 비평의 방법론을 조사하고 발표하기.

- 먼저 정신분석학(la psychanalyse)을 들 수 있다. 프로이드(Freud)와 라캉(Lacan)을 중심으로 무의식의 역할에 주목한 정신분석학은 장 벨르맹-노엘(Jean Bellemin-Noël), 장 스타로빈스키(Jean Starobinski)와 같은 연구자들이 텍스트 분석과 언어적 분석을 보충해 발전시킨다.

- 마르크스 사회주의(le marxisme) 역시 전후 지식인 사회에 상당한 영향을 주었으며. 사르트르, 뤼시앙 골드만Lucien Goldmann 등이 활발히 활동한다.

- 새로운 글 읽기인 텍스트는 텍스트로만 보자는 구조주의(le structuralisme)는 레비-스트로스(Lévi-Strauss), 롤랑 바르트(Roland Barthes) 등의 연구가 많은 영향을 준다.

- 상상력 연구(L'exploration de l'imaginaire)에서는 "우주의 힘과 원소에 접근"한 독창적 생명력을 중시한 가스통 바슐라르(Gaston Bachelard), 언어학과 정신분석학에 기초한 "작품 내에 반복되는 감정과 강박관념"에 집중한 장-피에르 리사르(Jean-Pierre Richard), "시간과 공간"을 중시하는 조루주 뿔레(Goerges Poulet)와 같은 연구자들이 활발히 활동하며 영향력을 끼친다.

※ 제1, 2차 세계 대전 후에는 기존 사회의 주류였던 이성, 합리성, 근대성, 거대 담론 등으로 대표되는 모더니즘을 해체하려는 경향을 보이는 포스트모더니즘(Postmodernisme)이 등장한다. 주체와 경계의 해체, 탈 장르화, 패러디 등의 문학적 특징을 보여준다. 포스트모더니즘 문학에 대해 조사하고 발표하기.

2) 부조리극 (Théâtre de l'absurde)

부조리극은 흥미롭게도 파리에 사는 외국인 작가들에 의해 시작된다. 외국인으로서 갖게 되는 프랑스어에 대한 거리감이 오히려 사람들 사이에서 발생하는 의사소통 불능(incommunicabilité)을 이해하며 이것이야말로 현대서양사회의 비극을 만든다는 것에 대한 인식을 갖게 한다.

부조리극의 첫 번째 특징은 반연극적(anti-théâtre)으로 줄거리나 극적 요소가 배제된 점이다. 두 번째 특징은 언어의 위기(la crise du langage)를 표현하는 것이다. 부조리극의 언어가 부조리하고 난센스이며, 의사소통이 안 된다는 평가는 우스꽝스러운 상황으로 존재적 불안감을 드러내며 결국 비극적으로 흐르는 부조리극의 특징을 잘 드러낸다.

이전의 연극들과는 달리 일상적 회화를 해체하고 언어의 무의미성이나 사상의 공허함을 폭로하면서 기존 연극의 언어, 줄거리를 해체하며 그 자리에 풍부한 유머를 부여함으로써 대중화에 성공한다. 루마니아 출신의 이오네스코(Eugène Ionesco, 1912~1994)는 1950년 『대머리 여가수 *La Cantatrice chauve*』와 『코뿔소 *Rhinocéros*』(1960) 등의 성공으로 베케트와 더불어 프랑스 부조리극의 대표적 극작가가 된다.

3) 사무엘 베케트 (Samuel Beckett)

사무엘 베케트는 1906년 더블린에서 태어나 1989년 파리에서 사망한다. 부유한 영국계 아일랜드 출신의 베케트는 파리로 와서 에콜 노르말 쉬페리외르에서 2년간 영어를 가르친다. 1937년에 파리 몽파르나스에 정착하고 예술가들과 교류하며 본격적으로 글을 쓰기 시작한다.

그는 1953년『고도를 기다리며 *En attendant Godot*』를 발표하며 인간의 삶을 기다림으로 정의하고 그 속에 나타나는 인간의 부조리함을 의미 없는 대사와 단편적으로 축소된 배경과 인물을 통해 보여준다. 기존 사실주의 극을 전복시킨 이 작품은 평단과 대중에게 대성공을 거두며 이후 현대 연극의 대명사처럼 불린다. 사무엘 베케트는 이 작품을 통해 "새로운 형식의 소설과 희곡으로 현대인의 빈곤을 변형하여 표현, 승화시켰다"라는 평가를 받으며 1969년 노벨 문학상을 수상한다.

『고도를 기다리며』 줄거리: 앙상한 나무 한 그루만이 서 있는 황량한 무대가 배경이며 블라디미르와 에스트라공 두 인물이 고도를 기다리고 있다. 고도의 존재는 명확하지 않으며, 디디와 고고라는 등장인물의 정체나 배경 역시 알려지지 않았고 그냥 나무 아래서 서로 상관이 없는 이야기를 나누고 행동하면서 시간을 보낸다. 주인과 노예가 등장했다 사라지고, 소년을 통해 고도가 그날은 오지 않는다는 것이 전해진다. 다음날도 같은 상황이 반복된다. 블라디미르와 에스트라공은 오지 않을 고도를 기다리며 그 장소를 떠나지 못하고 있다.

Extrait d'*En attendant Godot*

Comme la veille et sans doute les jours précédents, Godot a envoyé un messager à Vladamir et Estragon pour leur annoncer sa venue du lendemain...

Estragon : Qu'est-ce que tu as ?

Vladimir : Je n'ai rien.

Estragon : Moi je m'en vais.

Vladimir : Moi aussi.

Silence.

Estragon : Il y avait longtemps que je dormais ?

Vladimir : Je ne sais pas.

Silence.

Estragon : Où irons-nous ?

Vladimir : Pas loin.

Estragon : Si si, allons-nous-en loin d'ici !

Vladimir : On ne peut pas.

Estragon : Pourquoi ?

Vladimir : Il faut revenir demain.

Estragon : Pour quoi faire ?

Vladimir : Attendre Godot.

Estragon : C'est vrai. (Un temps.) Il n'est pas venu ?

Vladimir : Non.

전날처럼, 아마 그 이전의 날들도 마찬가지로, 고도는 블라디미르와 에스트라곤에게 내일 올 것이라고 전할 사자를 보냈다...

에스트라곤: 무슨 일이야?
블라디미르: 아무것도 아니야.
에스트라곤: 나는 가.
블라디미르: 나도.
침묵.
에스트라곤: 내가 오래 잤나?
블라디미르: 모르겠어.
침묵.
에스트라곤: 어디로 갈까?
블라디미르: 멀지 않게.
에스트라곤: 아니, 아니, 여기서 멀리 가자!
블라디미르: 그건 안 돼.
에스트라곤: 왜?
블라디미르: 내일 돌아와야 해.
에스트라곤: 왜?
블라디미르: 고도를 기다리려고.
에스트라곤: 맞아. (잠시.) 그는 안 왔어?
블라디미르: 아니.

À savoir plus)

※『고도를 기다리며』의 고도는 누구(무엇)를 상징하며, 에스트라공과 블라디미르는 왜 그(그것)를 기다리는 것인지 토의하기.

4) 마르셀 파뇰 (Marcel Pagnol)

마르셀 파뇰은 1895년 프랑스 오바뉴에서 태어나 1974년 파리에서 사망한다. 그는 소설가로, 극작가, 시나리오 작가와 영화감독으로 활동한다. '연극 같은 영화'를 만든 감독으로 종종 비난받는 마르셀 파뇰은 영화계에서 감독보다는 극작가로 먼저 명성을 얻었다. 1933년 자신의 독립 프로덕션 회사를 차림으로써 그는 영화 제작의 모든 면을 컨트롤할 수 있게 된다. 사운드가 도래했던 프랑스 영화계에 유성 영화를 발전시키고 대중의 관심을 끄는 데 중요한 역할을 한다.

특히 마르세유에서의 삶을 향수 어린 시선으로 그려낸 희곡들이 영화로도 만들어져 큰 성공을 거둔다. 무대 세팅과 대화까지 정성을 기울인 프랑스 남부 지방의 악센트가 그대로 살아있는 영화였고, 여기에 단순한 도덕성과 소박한 감상주의가 가미되어 대중에게 큰 인기를 얻는다.

대표작으로는 파뇰 삼부작 외에도 『빵집 마누라 *La Femme du boulanger*』(1938), 『마농의 샘 *Manon des sources*』(1952), 『마르셀의 여름 *La gloire de mon père*』(1957)과 『나의 어머니의 성 *Le chateau de ma mère*』(1958)과 같은 작품들이 있다.

『마농의 샘』 줄거리: 『마농의 샘』은 1부 『장 드 플로레트』에 이은 이야기다. 1부에서 부모님이 죽은 후 10년이 흐르고 마농은 양치기로 혼자 살아간다. 세자르와 위골랭은 카네이션 재배에 성공한다. 위골랭은 우연히 마농이 목욕하는 모습을 보고 사랑에 빠져 구애하지만 거절당한다. 우연히 마을 사람들이 말하는 대화에서 아버지를 죽음으로 몰고 간 사람이 소베랑과 위골렝임을 알게 되고 그들과 방관자였던 마을 사람들에게 복수를 결심한다.

샘의 근원을 발견하게 된 마농은 자신의 아버지가 당했단 방법 그대로 샘의 근원을 막아버린다. 마농이 좋아하던 학교 선생인 베르나르의 생일잔치에서 세자르와 위골랭의 죄를 밝힌다. 위골랭은 자살하고, 소베랑은 자신이 죽게 한 장이 자신의 아들이며 마농이 손녀임을 알게 된다. 마농은 마을 사람들을 용서하며 샘물을 열어준다.

Extrait de *Manon des sources*

"Imagine-toi, imaginez-vous, que cette ferme, je la voulais depuis des années pour y faire des œillets et la chance a voulu que je réussisse. Alors, j'étais heureux, je ne pensais plus à rien, qu'à mes fleurs et à mon argent... Et puis tout d'un coup, je te vois et ça m'arrive que je t'aime, d'une façon que c'est pas possible de te le dire... Tout le temps, je te vois, tout le temps je te parle... Le sommeil, ça me l'a tué, quand je mange, ça n'a plus de goût. Si tu ne me veux pas, ou je meurs ou je deviens fou…"

"상상해 봐, 나는 몇 년 전부터 이 농장을 원했어, 거기서 카네이션을 키우려고. 그리고 운이 좋게 내가 성공하게 되었지. 그래서 나는 행복했어, 더 이상 아무것도 생각하지 않았어, 꽃과 내 돈만 생각했지... 그런데 갑자기 너를 보고, 나는 너를 사랑하게 됐어. 말로는 설명할 수 없는 방식으로… 항상 너를 보고, 항상 너와 이야기해… 잠은 나를 죽였어, 밥을 먹어도 맛이 없어. 만약 네가 나를 원하지 않는다면, 나는 죽거나 미쳐버릴 거야…"

À savoir plus)

※ 『마르셀 파뇰의 작품은 마르세이유와 프로방스의 정취가 그대로 녹아 있어 프랑스인들의 사랑을 많이 받았다. 그의 다양한 영화 작품들을 찾아본 후, 영화 속에 등장하는 프랑스 남부의 정취와 이미지에 대해 토의하기.

※ 영화 〈마농의 샘〉(클로드 베리 감독, 이브 몽땅, 다니엘 오떼유, 엠마누엘 베아르 주연, 1992)를 감상하고 영화에 나오는 막장 드라마의 요소를 찾아 우리나라 드라마와 비교하고 발표하기.

5) 장 지오노 (Jean Giono)

장 지오노는 1895년 프랑스 남부 마노스크에서 태어나 1970년 마노스크에서 사망한다. 프랑스 남부 지역의 산과 들에서 어린 시절을 보낸 장 지오노는 프로방스를 배경으로 하는 광대한 자연에 대한 애정을 담은 서정적인 작품을 발표한다.

대표작으로는『목신』3부작과『지붕위의 경기병 *Le Hussard sur le toit*』(1952),『나무를 심는 사람 *L'homme qui plantait des arbres*』(1953) 등이 있다.『나무를 심는 사람』은 어느 황량한 계곡에서 양치기 노인이 반백 년 동안 꾸준히 나무를 심어 결국에는 풍요로운 숲으로 변모하는 이야기로, 4천 단어에 불과한 단편 소설이다. 조엘 졸리베가 삽화를 그려서 1987년 캐나다의 프레데릭 백에 의해 장편 애니메이션으로 제작되고, 1988년 아카데미상을 수상한다.

이 시대에 필요한 새로운 영웅의 모습과 자연의 소중함을 깨닫게 해주고, '생명의 힘'을 불어넣어 준 작가로 평가받는나. 범신론적이고 신화적인 우주관은 당시 정신적인 가치의 추구에 부심하고 있었던 문단이 큰 호응을 얻어 한때 〈지오니즘〉이라는 풍조를 불러온다.

『나무를 심은 사람』 줄거리: 주인공은 프랑스의 알려지지 않은 고산지대를 지나다가 엘제아르 부피에라는 인물의 삶에 감동받아서 그의 이야기를 전해준다. 주인공이 처음 만난 마을은 벌목으로 나무가 사라지고 사람들이 떠난 황폐해진 동네다. 가족을 잃은 엘제아르 부피에는 황폐해진 마을을 보고 나무가 없으므로 땅이 죽어간다고 생각하고 매일 도토리를 주워와 정성스럽게 땅에 심는다. 오랜 세월 십만 개의 도토리를 심고 2만 그루에서 싹이 나고 그중 절반인 1만 그루의 떡갈 나무가 살아남을 것을 기대한다. 제1, 2차 세계대전이 지나간 황폐한 마을에 부피에는 묵묵히 나무를 심고 세월이 지난 후 그곳은 더 이상 황무지가 아닌 숲이 우거진 마을이 되었으며 사람들이 돌아와 활기찬 마을이 되었다. 이타적인 부피에의 선한 행동은 세상을 변화시켰으며, 잎이 무성하게 자란 나무는 부활의 상징임을 보여주고 있다.

Extrait de *l'homme qui plantait des arbres*

Quand je réfléchis qu'un homme seul, réduit à ses simples ressources physiques et morales, a suffi pour faire surgir du désert ce pays de Canaan, je trouve que, malgré tout, la condition humaine est admirable. Mais, quand je fais le compte de tout ce qu'il a fallu de constance dans la grandeur d'âme et d'acharnement dans la générosité pour obtenir ce résultat, je suis pris d'un immense respect pour ce vieux paysan sans culture qui a su mener à bien cette œuvre digne de Dieu.

내가 생각해보면, 한 사람이 단지 자신의 신체적, 도덕적 자원에 의지해 외딴곳에서 이 가나안 땅을 일으켰다는 사실에, 나는 인간 조건이 그럼에도 불구하고 경이롭다고 느낍니다. 그러나 그 사람이 이 결과를 얻기 위해 얼마나 많은 위대한 정신과 끈기 있는 관용을 발휘했는지를 되새기면, 나는 이 고귀한 일을 하나님처럼 훌륭하게 이끈 이 늙은 농부에게 깊은 존경을 느낍니다.

À savoir plus)

※ 〈나무를 심는 사람〉애니메이션을 보고 자연과 인간의 관계에 대해 토의하기.

※ 엘제아르 부피에가 보여주는 위대한 정신과 끈기 있는 관용이란 무엇인가?

6) 마르그리트 뒤라스 (Margritte Duras)

프랑스 현대 문학사에서 문제적 작가 중 한 명으로 꼽히는 마르그리트 뒤라스는 1914년 베트남 사이공에서 태어나 1996년 파리에서 사망한다. 프랑스의 식민지 관리였던 부모 밑에서 1남 2녀 중 막내로 태어난다. 아버지가 돌아가신 후 어머니의 투자 실패로, 파리에 올 때까지 가족의 폭행과 학대 등, 가난과 고통 속에서 지낸다.

인도차이나에서 보낸 유년 시절은 뒤라스의 글쓰기에 많은 영향을 남긴다. 『모데라토 칸타빌레 *Moderato cantabile*』(1958)와 『히로시마 내사랑 *Hiroshima, Mon Amour*』(1959)을 비롯해 『연인, *L'amant*』(1984) 등의 대표작이 있으며 영화감독으로도 활약한다.

『연인』 줄거리: 프랑스 식민지였던 베트남에서 어린 시절을 보낸 주인공이 과거를 회상하며 쓴 자서전적인 글이다.

병사한 아버지와 프랑스어 교사이면서도 광증을 앓는 어머니, 무능하고 폭력적인 오빠와 지내는 열다섯 살의 어린 주인공은 나이 차이가 크게 나는 부유한 중국인 남자를 만나 사랑 없는 성관계를 즐기게 된다. 꽤 오랜 시간 연인 사이로 지내지만, 중국인 연인은 결국 아버지가 정해주는 여자와 혼인하게 된다. 여주인공은 프랑스로 돌아오는 배에서 사랑하지 않았다고 생각했던 중국인 남자를 사랑했음을 깨닫는다.

여주인공은 파리로 돌아온 후 다른 남자를 만나 결혼도 하고 아이도 갖는다. 많은 시간이 흐른 후 파리에 온 중국인 남자는 주인공에게 전화하고 그녀를 영원히 사랑할 것이라 말한다.

Extrait de *l'Amant*

Sa beauté est ainsi, déchirée, frileuse, sanglotante, et d'exil, rien ne lui va, tout est trop grand pour elle, et c'est beau, elle flotte, trop mince, elle ne tient dans rien, et cependant c'est beau. Elle est ainsi faite, dans la tête et dans le corps, que chaque chose qui la touche participe aussitôt, indéfectiblement, de cette beauté.

그녀의 아름다움은 이렇다. 찢어지고, 차가우며, 흐느끼고, 그리고 유배된 존재처럼, 아무것도 그녀에게 어울리지 않는다. 모든 것이 그녀에게는 너무 크고, 너무 넓다. 그럼에도 불구하고 그것이 아름답다. 그녀는 떠 있는 듯, 너무 여리여리해 아무것도 붙잡을 수 없지만, 그럼에도 그것이 아름답다. 그녀는 그렇게, 머리와 몸이 그렇게 되어 있어서, 그녀를 스치는 모든 것이 즉시, 변함없이 그 아름다움의 일부가 된다.

À savoir plus)

※ 영화 〈연인〉(장 자크 아노 감독, 제인 마치, 양가휘 주연, 1992)을 보고 사랑과 금기의 갈등, 인물 간의 계급과 인종 차별에 대해 토의하기.

7) 미셸 투르니에 (Michel Tournier)

미셸 투르니에는 1924년 파리에서 태어나 2016년 파리에서 사망한다. 그는 고등학교 시절부터 철학에 매료되어 대학에서 철학을 전공하고 플라톤에 관한 연구로 석사학위를 받는다. 철학 교수 자격 시험에 떨어지자, 문학으로 관심을 돌려 1967년 43살의 나이에 첫 작품인 『방드르디, 태평양의 끝 *Vendredi ou les limbes du Pacifique*』(1967)이라는 작품을 발표해 아카데미 프랑세즈 소설 대상을 받으며 큰 성공을 거둔다. 미셸 투르니에는 누보로망 시기에 현대문명과 원시적 상상력을 통해 표현하는 철학적이고 종교적인 소설을 발표해서 주목받는다. 신화와 고전을 바탕으로 인간 본질에 관해 탐구했으며 프랑스를 대표하는 현대 작가 중 한 명으로 평가받는다.

『방드르디, 태평양의 끝』 줄거리: 이 작품은 영국 소설가 다니엘 디포의 『로빈슨 크루소』(1719)를 원작에서는 노예였던 방드르디를 주인공으로 재해석한 작품이다.

무인도에 난파한 로빈슨 크루소는 처음에는 아무것도 하지 않고 섬에 있는 음식을 먹으며 지낸다. 섬에서 탈출하고자 노력하지만 실패한 후 무기력한 삶을 살아가며 자기 삶과 타인과의 관계가 얼마나 중요한지를 깨닫는다. 그는 난파선에서 필요한 물자와 식량을 가지고 섬에 돌아와 일기를 쓰기 시작한다. 로빈슨은 섬에 스페란차라는 이름을 지어주고 농사를 짓고 염소를 키우며 스스로 이 섬의 총독으로 취임한다.

그러다 어느 날 원주민 소년의 목숨을 구해주고 방드르디(프라이데이)란 이름을 지어준다. 방드르디는 자신의 목숨을 구해준 로빈슨 크루소에게 감사하지만 그가 보여주는 서양 문물에는 관심이 없다. 어느 날 방드르디는 서양 문물의 상징인 로빈슨이 아끼던 담배를 몰래 피우다 폭발 사고를 낸다. 로빈슨은 자신이 가져온 문명이 사라진 것에 분노하기보다는 오히려 홀가분함을 느끼며 구속에서 벗어나 어린아이와 같은 천진난만한 삶을 살게 된다.

28년 만에 섬을 떠날 수 있는 배가 도착하지만 로빈슨 크루소는 무인도에 남기를 선택한다. 하지만 배에 호기심을 느낀 방드르디는 몰래 배에 올라타고 대신 배의 한 선원이 섬에 남는다. 그렇게 금요일의 아이가 떠나고 목요일의 아이가 도착하며 소설이 끝난다.

Extrait de *Venredi ou les limbes du pacifique*

Soleil, rends-moi semblable à Vendredi. Donne-moi le visage de Vendredi, épanoui par le rire, taillé tout entier pour le rire. Ce front très haut, mais fuyant en arrière et couronné d'une guirlande de boucles noires. Cet œil toujours allumé par la dérision, fendu par l'ironie, chaviré par la drôlerie de tout ce qu'il voit. Cette bouche sinueuse aux coins relevés, gourmande et animale. Ce balancement de la tête sur l'épaule pour mieux rire, pour mieux frapper de risibilité toutes choses qui sont au monde, pour mieux dénoncer et dénouer ces deux crampes, la bêtise et la méchanceté...

태양이여, 나를 금요일처럼 만들어다오. 금요일의 얼굴을 나에게 주어다오, 웃음으로 가득 찬 얼굴, 웃음을 위해 온전히 조각된 얼굴. 매우 높은 이마, 그러나 뒤로 물러가며 검은 머리카락의 장식으로 장식된 이마. 항상 조롱으로 빛나는 그 눈, 아이러니로 갈라지고, 그가 보는 모든 것의 우스꽝스러움에 휘청거리는 눈. 입술 끝이 올라간 구불구불한 입, 탐욕스럽고 동물적인 입. 어깨에 머리를 기울여 웃을 때, 세상의 모든 것에 대해 더 크게 웃으며, 더 잘 웃겨서 모든 것의 우스꽝스러움을 드러내고, 어리석음과 악의라는 두 가지 경련을 더 잘 폭로하고 풀어내는 그 움직임…

À savoir plus)

※ 방드르디는 문명과 자연의 경계에서 살아가는 인물이다. 이 작품을 통해 문명사회가 인간 본성에 어떤 영향을 미친다고 생각하는가?

※ 로빈슨과 방드르디가 겪는 갈등과 변화라는 관계를 통해 현대 사회에서 인간과 자연, 혹은 타문화와의 상호작용에 대해 어떤 메시지를 줄 수 있다고 생각하는지 토의하기.

※※※ 2008년에 노벨문학상을 수상한 르 클레지오(Le Clésio, 1940~), 2014년에 노벨문학상을 수상한 파트릭 모디아노(Patrick Modiano, 1945~), 2022년에 노벨문학상을 수상한 아니 에르노(Annie Ernaux, 1940~)와 같은 소설가의 작품에 대해 알아보고 소개하기.

| 참고문헌 |

De Ligny, C., et Rousselot, M., *La littérature française,* Nathan, Paris, 2009.

Lagarde et Michard, *6 Livres Les Grands Auteurs français –Anthologie et Histoire littéraire: Moyen Age; XVIe siècle; XVIIe siècle; XVIIIe siècle; XIXe siècle; XXe siècle,* Paris, Bordas, 1993.

Masson, Nicole, *Panorama de la littérature française, les courants, les auteurs, les œuvres, du Moyen Age au XXe sièclel,* Marabout, Paris, 1991.

Pompidou, G., *Anthologie de la poésie française*, Paris, Le Livre de Poche, 1974.

Raimond, Michel, *Le Roman*, Paris, Armand colin, 1989.

Wellek et Warren, *Theory of literature*, Trad. française par J.-P. Audigier et J. Gottégno, Paris, Seuil, 1971.

Xavier, Darcos, *Histoire de la Littérature Française,* Hachette, 1992.

고봉만 외, 『프랑스 명작살롱』, 서울, 신아사, 2010.

김붕구 외, 『(새로운)프랑스문학사』, 서울, 일조각, 1989.

G. 랑송, P. 튀프르, 『랑송 불문학사 상, 하』, 정기수 옮김, 서울, 을유문화사, 1997.

바께스/반스, 『40명의 프랑스 작가들』, 이규식 옮김, 서울, 문경, 1996.

Extrait des œuvres littéraires : https://booknode.com/

| **저자 소개** |

문미영은 파리12대학교에서 문학 박사 학위를 받았으며 현재 한남대학교 프랑스어문학전공 교수로 재직 중이다. 역서로 『나체즈 족』이 있고, 〈코로나 시대에 『페스트』 다시 읽기를 통한 소고– 등장인물이 보여주는 인간 조건을 중심으로〉, 〈기억을 통한 치유와 성장–〈마담 프루스트의 비밀정원〉를 중심으로〉, 〈샤토브리앙의 『나체즈 족』에 나타난 욕망과 희생양 매커니즘〉 외 다수의 논문이 있다.

프랑스 문학산책

2025년 2월 14일 발행

저　　자　문미영
발 행 처　한남대학교 탈메이지교양 · 융합대학(글누리)
대전광역시 대덕구 한남로 70
Tel. 042) 629-7722
인 쇄 처　학예커뮤니케이션　Tel. 042) 625-1821
I S B N　978-89-7066-431-6

〈정가 19,000원〉